蔣匡文／梁冠文 編著　萬里機構・萬里書店 出版

優選藍籌屋苑

解讀十八區風水給你的安家決策

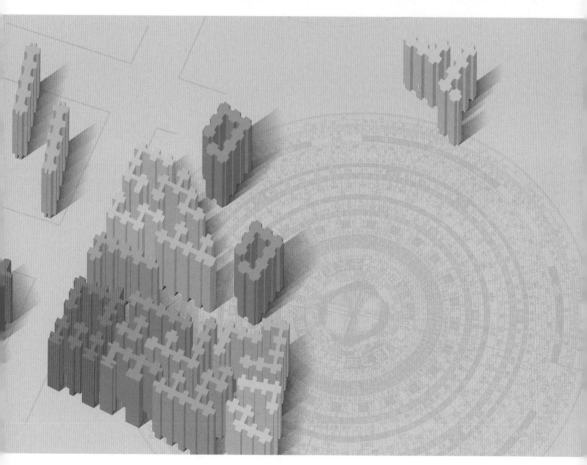

優選藍籌屋苑　解讀十八區風水給你的安家決策

編著
蔣匡文　梁冠文

編輯
吳春暉

插圖
李遠標

設計
萬里機構製作部

出版者
萬里機構・萬里書店
香港鰂魚涌英皇道1065號東達中心1305室
電話：2564 7511　傳真：2565 5539
網址：http://www.wanlibk.com

發行者
香港聯合書刊物流有限公司
香港新界大埔汀麗路36號中華商務印刷大廈3字樓
電話：2150 2100　傳真：2407 3062
電郵：info@suplogistics.com.hk

承印者
美雅印刷製本有限公司

出版日期
二〇一三年十二月第一次印刷

序一

堪輿風水實為「小道」，是古代「小五明」之一，與「醫卜星相」同列為一種技巧。風水用以幫助人民解決居住上所遇上的各種問題，以趨吉避凶。但風水並非萬能，等如醫術不可以保證能醫百病，住進好風水的房子，也不能長生不死。

很多朋友對風水很感興趣，更希望住到好風水的房子，所以常常問：「某某屋邨風水好嗎？」

風水之判斷，是要以天時（時間，包括房屋建成的時間）、地利（地點、地理上的位置、房屋坐向）及人和（某人出生之命卦）三向配合，只講某某屋邨風水好不好，是以遍概全，有如醫生不看病人便落藥，所以常常都不想寫這類題材，但畢竟太多朋友提問，所以只好由冠文整理資料及代筆，共成此書，目的是讓讀者對香港一些大屋邨的各幢單位坐向有一個簡單的風水了解，幫助朋友選擇家居。由於並非度身訂造，所以難免會有疏漏。

陰陽之道，並無絕對，永遠有反例：例如一間屋開「二黑病符」之門，大部份人入住都容易生病，但如果該屋是「三般卦」或醫生入住，則可能會非常興旺順利呢？

所以此書之評論吉凶，是可作大概參考，不要被書中評語嚇餐死，如果有與事實不符或懷疑，可自行請高人指點。

蔣匡文

對香港人來説，一層樓的意義，遠多於四堵牆一爿門的一層樓。

它押上了許多人畢生的積蓄，半輩子的寄望。問題是，一舖「曬冷」之後，你不知道手上的牌是好是劣，住了進去家宅平安，人人和睦，固然恭喜，可是如果爭吵不斷，健康受損又如何？難道又要另覓新居搬遷？

本書的構思，就是從中州派風水的角度，解構家宅之得失，無論閣下是現居於書內提及的屋苑，還是打算另置居所，可以借助本書予以參考，在「曬冷」之前，詳細檢視和考量，知所取捨，作出適合的決定。

據統計，現在全港有逾51%的人口住在私樓，為數實在不少。許多人尤其喜歡選擇藍籌屋苑，一方面配套較為完善，一方面買賣兩宜，造價有較大參考。

本書揀選的18個屋苑，乃根據前書描述18區風水大概而來，從各區中聚焦一個藍籌屋苑，從風水的角度釐析吉凶，指出特點。

這書寫成，得先感謝蔣老師。很久很久以前，機緣巧合遇上蔣師，結下一段師徒緣。多年來在蔣師身旁耳濡目染，得窺風水的堂奧，獲益不淺。

堪輿之學，本涉擇地建屋。蔣師得天獨厚，執業建築，亦蒙亭老嫡傳，將風水理論融匯於實務之中，去蕪存菁，擷萃英華，並且從不藏私，傾囊相授，筆者始可斗膽執筆，淺論風水吉凶。

筆者亦要向李遠標兄致謝，書中各個屋苑的立體樓宇，醒目出眾；頁面設計和鋪排，清晰俐落，都是遠標兄的功勞，感謝感謝。

最後，當然是萬里編輯吳春暉兄不嫌在下淺陋，邀約撰稿，今日書成，祈望不辱使命，聊報知遇。

梁冠文
癸巳秋分

目錄

引言

「我間屋坐北向南，風水點呀？」

「邊度係財位？幾時發達？」

「隔離剛起樓，就樣樣唔妥，駛唔駛搬呀？搬去邊度好呀？」

以上近乎通識的問題，幾乎每位相信風水的人都常掛在口邊。

簡單的問題，答案卻不太簡單。

風水的確關乎坐向，但在堪輿上，一個向南的單位也細分為三個坐向，吉凶完全兩樣，不可以一概而論；風水也關乎時間，通稱為元運，相同坐向、不同元運吉凶也有差異；風水亦關乎環境，見山見海有一定法則，毗鄰動土自有一定影響。

簡言之，風水是一盤複雜的數，必須「形理兼察」，時間、空間與形勢的關係密不可分。

體例

房屋問題，一直是香港人最關心的項目。現時香港人的居所，絕大部份不離公共屋邨與私人屋苑。公共屋邨由政府編排，選擇空間不大；私人屋苑近年熱火朝天，樓價屢創新高，優質單位變成可居奇貨。

本書從風水學考量，聚焦各區藍籌屋苑，就一般人擇居選址的主要考慮因素──安居、求財、健康及讀書等──著墨，條分縷析，給各讀者提供選宅參考。

既然集中討論香港私人屋苑，現先從下列三方面，淺析香港房屋概況：

（一）屋則

香港的房屋屋則，主要分為：

一梯兩伙（包括禮頓山）

一梯四伙（包括名門第四座）

一梯六伙（包括海怡半島部份層數）

一梯八伙（包括黃埔花園、盈翠半島及大埔中心）

一梯十伙（包括屯門市廣場）

其中以一梯八伙最為常見，屋則又以正方及長方型（俗稱四正則）及不規則型（俗稱飛機則）最多。四正則顧名思義，整體屋則四方平衡，不會明顯凸出或凹陷；飛機則的出現，則源於政府的要求。按政府規定，為避免單位與單位之間距離太近，訂明大廈頂樓單位與鄰座全幢高度須有1：3之比例，名為 Prescribe Window，傳統四正則往往因距離太近不符要求，發展商於是將屋則設為幾何型，一為滿足法例，二可提高實用面積，卻殊不知犯了風水的忌諱。

凡飛機則，屋型容易「三尖八角」，由於玄空飛星每年每月每日俱會不停四方八角流轉（故謂之飛星），其中吉凶互參，如果屋形平穩，則吉星飛臨之方固吉，凶星則禍亦較輕；反之，如果屋形不平，則吉星雖倍吉，凶星亦倍凶，有時恰巧遇上太歲駕臨之方，其禍立見，故居於此等房屋，易見大上大落的現象，不符中國人一向追求之平和安穩生活，此點不可不察。

（二）屋形

1. 開門見山

此「山」乃指風水術語中的坐山而言，凡屋內門向之對面即為坐山。

「飛機則」尚未出現之前，在香港早期房屋的屋形中，一般房屋大多如此結構。打開大門後，左右兩方分別是客廳、飯廳和廚房等，中間是一條走廊，客廳和洗手間等分佈兩旁，屋後是主人房。簡言之，大門、屋中央和主人房成一直線。

風水上，這類結構納氣深長，只要大門納得吉向，一般宅運可以較為長久，此因按照飛星分佈，凡大門納得吉向，吉星通常分佈於向首和坐山，中通中宮，吉氣貫通全屋，無怪乎其時搬遷不如今天頻密，以屋形與納氣相應故。

2. 開門見窗

眾所周知，香港地少人多，樓宇密度極高，一室開揚難求，發展商為求出奇制勝，在屋形設計上扭盡六壬，突出賣點取悅客人，例如香港人喜歡單位光猛開揚，便不惜一切增加單位的採光度，開門見窗正是一例，目的是將窗外光線引進屋內，跟大門成一直線，令視線豁然開朗，減除幽暗侷促感。然而，從堪輿學的角度，開門見窗其實對家宅不利。風水之道，就是藏風聚水，講求雍聚，紫禁城有九門，各門不可直通就是一例。風水上，開門見窗謂之「穿」，除特殊情況外，往往容易洩氣，見吉不吉，見凶倍凶。故開門後宜添加屏風，等約人高，以站於門外看不見窗外環境為準。至於具體佈置，則以術師指點為要。

(三)屋向

一般可分為兩類：

1. 坐滿朝空

房屋背靠高山或其他樓宇等實物，面向空曠視野，如為海或為空地，無實物阻隔者，風水上稱為坐滿朝空。由於「有靠」，符合「穩妥」要求，這是普通人認為比較理想的格局，一般靠山而建，門口設在望空處的房子即屬此例。

2. 坐空朝滿

恰跟第一類相反，房屋背後為空曠之地或為海洋，無實物支靠，前望為山或大廈等實物，風水上稱為坐空朝滿，現今之禮賓府正是一例。大門開在上亞里畢道，面向動植物公園高地；背靠原是一片空曠的維多利亞港。

其實，無論坐滿朝空或坐空朝滿，風水上須視乎整體形勢和飛星如何始可斷定吉凶。以坐空朝滿為例，漢代長安城可為明證。長安城背靠北面渭水，前臨南面終南山，跟一般人理解的風水正局不同，卻也可成為千年古都，歷朝濫觴。

六運樓、七運樓、八運樓

此外，香港大型私人屋苑，一般可追溯至上世紀60年代，美孚新邨即於1968年落成，至於近年新樓更如雨後春筍，供應大增，據差餉物業估價處數字，2013年落成量多達一萬四千伙。因此可以粗略估計，絕大部份居於私人屋苑的住客，均於這個時期入伙。風水上，時間恰為三元九運中的六運 (1964-1983)、七運 (1984-2003) 及八運 (2004-2023)。

為方便讀者檢索，茲特列此三元運坐向吉凶的檢索表於後。

四正向

元運 屋向	六	七	八
壬	雙星到山 - 旺丁	雙星到向 - 旺財	雙星到山 - 旺丁
子	雙星到向 - 旺財	雙星到山 - 旺丁	雙星到向 - 旺財
癸	雙星到向 - 旺財	雙星到山 - 旺丁	雙星到向 - 旺財
丙	雙星到向 - 旺財	雙星到山 - 旺丁	雙星到向 - 旺財
午	雙星到山 - 旺丁	雙星到向 - 旺財	雙星到山 - 旺丁
丁	雙星到山 - 旺丁	雙星到向 - 旺財	雙星到山 - 旺丁
甲	旺丁旺財，八運退氣及入囚	伏吟、損丁破財	旺財
卯	損丁破財、入囚	旺丁旺財	旺丁
乙	損丁破財、入囚	旺丁旺財	旺丁
庚	旺丁旺財，八運退氣及入囚	伏吟、損丁破財	旺丁
酉	損丁破財、入囚	旺丁旺財	旺財
辛	損丁破財、入囚	旺丁旺財	旺財

四隅向

元運 屋向	六	七	八
戌	旺丁、八運運星臨門	旺丁旺財、八運入囚	損丁破財
乾	旺財	損丁破財、八運入囚	旺丁旺財
亥	旺財	損丁破財、八運入囚	旺丁旺財
辰	旺財	旺丁旺財	損丁破財
巽	旺丁	損丁破財	旺丁旺財
巳	旺丁	損丁破財	旺丁旺財
未	損丁破財	旺財	旺丁旺財
坤	旺丁旺財	旺丁	損丁破財
申	旺丁旺財	旺丁	損丁破財
丑	損丁破財	旺丁	旺丁旺財
艮	旺丁旺財、八運退氣	旺財	損丁破財
寅	旺丁旺財、八運退氣	旺財	損丁破財

有讀者可能早於六運入伙，一直未有進行大裝修，故可作六運計。

　　亦有讀者或於相同時期入伙，後因年代久遠，近年重新粉飾，換門換窗改天花，則可作八運計。

前置

入正題之前，先打一個譬喻。

世界愈來愈高科技，愈來愈個人化，到處都是低頭族，幾乎一人一手機，一台電腦，儘管型號不同，設定大同小異。

無論閣下的手機和電腦功能多先進，四核運轉得多快，每次開機後，總要等候一段時間，待機內 default 的各個程式完成下載，機件才會 ready，閣下才可開始使用。而閣下使用的範疇和權限，亦按各個前置程式的設定而運作，不可逾越。

下文列出的各條標題，就等如手機和電腦上預設的程式，概括了本書的內容和方向，有用途也有限制，在閣下了解各屋苑風水優劣之前，請花小許時間，閱覽各條標題及其內容，讓程式進入狀態。

蔣師的旗袍論

許多人看風水，只粗略說出大門方向、樓宇地點，便以為足夠，術師甚至不必親臨家宅，也可以馬上掐指一算，指點迷津，並且期望準確無誤。關於這個粗疏的誤會，吾師蔣匡文曾作出一個譬喻，筆者以為妙到毫顛，在此大膽剽竊，挪用這個名為「旗袍論」的見解，說明箇中原委。

還記得王家衛電影「花樣年華」嗎？戲中張曼玉飾演的蘇麗珍，在一幢上海人聚居的舊樓內，跟報館編輯周慕雲邂逅，掀起了一段糾纏又微妙的四角關係。劇情暫且不表，令人為之絕倒的，倒是張曼玉身上一襲襲精心剪裁的旗袍，戲內前後出現了 24 襲，款款不同，默示劇情的推展，時間的流轉。

旗袍，原意指「旗人之袍」，是滿州旗人的民族服飾。後經民國初年的裁縫在其原貌上予以改良，逐漸演變成今天面貌。

一襲動人的旗袍，容不下半點馬虎。從領子開始，它的盤扣和鑲邊須與穿者的髮型和耳飾配搭得恰到好處，跟脖子的距離也要適中。腰身更是講究得近乎嚴苛，必須切合穿者的腰肢寬窄，寬一分嫌寬，窄一分嫌窄，稍過就顯得累贅或者繃緊；再往下移，旗袍的開叉位須依穿者的腿長衡量，開得太高有失優雅，太低又令整體失衡。

穿著一絲不苟的旗袍，張曼玉身影裊裊，步步搖曳生姿，彷彿透著陣陣魅惑，精緻得惹人憐惜，將女士的形態美表露無遺，不著一字，盡得風流。

至於在酒樓女性服務員的身上，穿著的當然也是旗袍，儘管審美眼光不一致，各位也不得不承認，它跟張曼玉身上的旗袍大有分別。領子不是太緊就是太寬，腰身總是顯得鬆散，開叉位始終不太恰當，好像應該高一點，卻也應該低一點。

有人或會不以為然，覺得張曼玉身型纖幼，穿旗袍當然好看，但筆者以為，若隨便將一襲普通旗袍由張曼玉穿上，什麼都不講究，隨時比不上穿著在另一位尋常女性度身訂造的旗袍，信乎？非戰之罪，張曼玉又如何？

是的，關鍵就是「度身訂造」四個字。

看風水，是一盤複雜的數，牽涉的考慮因素不在少數。舉個例說，一般人不理解，以為說出大門方向了事，殊不知風水上單論方向，便有24個之多，還未計及兼向等情況，而即使同一坐向，但元運不同，理氣計算的吉凶亦各異，上一個元運吉，可能今個元運凶，例子俯拾皆是，此其一；每個人的出生年運，五行八卦中各有所屬，謂之宅主年命，須以此與該宅之地盤相互參詳，始可判斷生剋，故往往上手宅主居此為吉，今手宅主居此為凶，反之亦然，所謂之風水屋，只是一個籠統說法，不可一錘定音，此其二。

上文僅舉二例，說明看風水之多元衡量。

若粗論一宅之吉凶，憑其方位及所在地點固然未嘗不可，然而，結論亦僅止於酒樓服務員身上的旗袍，大概可說出她適合的尺碼、長度和顏色，穿出來未致於太過失禮，也會勉強合身，但要穿得像蘇麗珍般攝魄勾魂，風韻撩人，恐怕會流於奢望，強人所難。蘇麗珍之動人，在於「度身訂造」，全身剪裁，只為她一個人而設，不完全適用於其他人，領子對了，開叉位又會不對；腰肢不是寬了就是窄了。人如其面，各有不同，怎可期望房子的問題可以憑兩三項資料便輕鬆解決？這種想法，未免將這門傳承數千年的術數小覷，若是這樣膚淺粗疏，也不值得認真的術者深究鑽研。

要將一家一宅之風水看得準確深入，不妨想像穿著在張曼玉身上的旗袍，每個細節一絲不苟，包括但不止於：樓宇所在地點之地運、大局形勢、四周環境如山海及樓宇佈局，道路走向，十字路口與住宅構成之方向，樓宇方向及建成日期（中間有否經過大裝修，做成天心改運）、樓宇層數、電梯及樓梯位置、室內間隔及裝修、大門及房門位置，室內窗戶大小及方位，窗外景緻，以及住宅中人的年命等等，相互綜合考量，才可斷言優劣，置床安灶。

本書礙於篇幅，不可能就每個屋苑、每幢樓宇、每個單位詳細推斷，僅可因應

各屋苑的本身特點及間隔，借題發揮，説出某些風水的重要概念，並就各單位之方向進行測量，概論其在各元運之吉凶，詳情可參閱書末之檢索表。在此必須重申，表內之判語當然可供參考，粗論吉凶，唯詳情須「度身訂造」，願讀者明察。

不認真　便輸了

近年，坊間流傳一句説話，十分膾炙人口：「一認真，便輸了」。據悉這句話源自一個惡搞的網站，專門上載一些儲心積慮戲人的短片。片中主角往往被捉弄得啼笑皆非，可以苦笑，不可以反面，否則就是他器量小，面皮薄，整個遊戲便不好玩了。久而久之，許多人相當樂於遵從這個規則，認為人生不過遊戲而己，是做人應有的態度云云。認真不認真，畢竟人各有志，筆者沒有明確立場。

然而，若將這種取態放之於風水鑽研，對不起，此路不通。

尊師正職建築，築建一樑一柱，人命所繫，不容半點怠忽。影響所及，尊師治學亦嚴，注重實學，尤惡空談，筆者受教。

古代建屋，與今人不同。古人是先看風水，才擇地建屋。根據一地之山川形勢，龍脈走向，河流姿態，以至是原山地還是淤填之地等因素，多方盱衡考量，始決定地點，確立方向，才會大興土木，築室建屋，並且期望安居百年，世代繁衍。

現代人則不然，往往遷入新居才看風水，於是大局不能改，道路不能改，門向不能改，七除八扣後，可做的十分有限。

結果是古人聚居往往經歷數十代，百年老屋比比皆是，今人卻視搬遷如家常便飯，人丁也相對單薄。這樣説明了一宅之大局形勢和龍脈地氣，起了決定性的作用，不能隨便以門口定向搪塞了事。

筆者十分在意每個屋苑所在地的原貌，不惜翻箱倒篋，追溯掌故歷史，搜索香港老相片，目的就是希望釐析地望*，詳加考量。

在搜索資料的過程中，英國國家檔案館（The National Archives）解封的700張舊香港照片，實在彌足珍貴，當中揭示了鵝頸橋和禮頓山本貌，太古船塢原址，以至粉嶺軍營、大埔梧桐河淺灘的舊跡，一一圖文具列，對了解舊香港的地望裨益甚大，由此可知現時建於其上的各屋苑原始地質，再配以個別坐向，演論才算完全。

無怪乎風水別名地理。不諳地理，何以談風水？

舉一個例，同樣是一所房子，建於原山地或填海地分別極大。前者利人丁，後者利財祿。求財者居於原山地，求子者居於填海地，皆近乎緣木求魚，豈可不察焉？

---

*風水上一地之原貌，稱為地望。「來龍去脈」，來源便來自風水的典籍《龍經》。

其次，書內提及的每個屋苑，筆者都曾親身實地觀察，了解四周環境，並盡可能入內參觀，因為單憑地圖鳥瞰，不能判別實際情況。舉一個例，美孚新邨規模龐大，近百座樓宇建於六運（1964-1983），絕大部份單位座向相同，不外東北與西南對向，以及西北與東南對向，宅運坐向俱同，豈不是風水概況都一樣？可是事實並不盡然，正由於美孚樓宇林立，單位容易被毗鄰樓宇包圍，筆者視察所得，美孚新邨第3、第4期內園中低層單位異常昏暗，近乎「三陽不照」，陰盛陽衰，宅中人容易精神不振，居此對健康有損。相反，相同坐向，近蘭秀道及荔枝角公園的單位則光線充足，陰陽平衡，明顯較為可取。因此，筆者須實地了解處實，方敢下筆淺評。

第三，筆者亦多留意各屋苑之新聞，宅中人發跡或破敗，出狀元或逆子，皆可作旁證參考，視為該屋苑之「兆象」。

漢朝王充《論衡》：「獨思無所據，不睹兆象，不見類驗。」古人相信，某地有事發生，必有原委；放諸今天，某屋苑新聞見刊於大眾傳媒，如果次數頻仍，則可以「類驗」，是為該屋苑風水之有力旁證，豈可視而不見。

天道酬勤，筆者相信歷史地理、眼見為憑以及現實印證，相互參詳，才可粗論吉凶。至於那些輕率表態、大言炎炎的術者，只可說道不同不相為謀。

筆者屢有所聞，坊間看一宅之風水，重點在於各式各樣大小擺設，擺獅擺象擺麒麟，便可以扭轉乾坤，化凶為吉，從不考究一宅之原局地望，家宅環境，若這樣的理論成立，大概沙頭角和深水灣都是一樣。

有些擺設，更是匪夷所思，米奇老鼠公仔、玻璃音樂盒，甚至掛一條褲……

唔係啩？咪玩啦！

別為小事抓狂

這本台灣小書，筆者一見難忘。對神經脆弱而敏感的都市人，格外有儆醒作用，信奉風水者尤然。

「對面兩座大廈中間有條罅，聽人講呢啲叫『天斬煞』，嗰名咁得人驚！駛唔駛搬呀？」

「我個廳望到墳場，係咪陰氣好重㗎？」

「間屋前面有座廟，好定唔好呢？」

大概因為煞與殺同音，而殺與死又經常掛鈎，出於中國人內斂的民族性，對死字尤其忌諱，「大吉利是」，因此對煞字異常敏感，平日絕口不談。事實上，中國人抗拒的，又豈止一個煞字，對墳場和廟宇等陰物，也十分棹忌，避之則吉，甚至聽

到不吉利的說法，諸如「損丁」「破財」，神經也馬上繃緊，瞠目結舌，良久不能平靜。其實，這些反應都略嫌過敏，以演戲的講法，是 Over 了。

現代人不明白，古人寫術數書，喜歡將話說得很盡，把情況描述得很嚇人，期以在民風純樸的黎民百姓之間，產生警惕的作用。居所面對某些情況，最好不要碰，慎之戒之。

其實一個「煞」字，不過是一股剛勁的力量，可能令人猝不及防，中國人重視平和，一事一物過剛過烈，都會視為不吉，實質影響卻未必太大。就以「天斬煞」為例，原意指兩幢毗鄰的樓宇，擠壓成一線的罅隙，中間的氣流受壓迫後變得急速，構成所謂的「煞氣」而已，如果大門或窗戶見之，便認為不吉利，至於有多不吉利，其實從沒定論。此因還須視乎飛星決定，剛巧大門或窗戶宮位的飛星劣配，影響才會較大；反之，若是當元旺星飛臨，則未必為害。

吉凶迴旋之間，古人早有明示，《天元五歌》：「沖起樂宮無價寶，沖起囚宮化作灰。」

釐清了所謂「煞氣」的本質，面對兩幢大廈之間的罅隙，你想叫成「天斬攝」，或者「屋罅風」也無不可，不必一見「煞」字，便眉頭大皺，庸人自擾。

至於看見墳場是否一定不吉，也大有商榷餘地，最起碼要分清楚住宅與墳場的位置，如果毗鄰而建，問題的確較大，此因兩者可能來自同一地脈，一地如建墳場，往往陰氣較大，不利陽居；但如果住宅與墳場距離極遠，甚至隔岸相對，極大機會來龍各異，地氣不貫，不必等而視之，自我抓狂。

而廟宇在前，更有可能利多於弊，「廟前貧，廟後富」，有一定形理依據，各位如果小心觀察，各區廟後的住宅宅運尚佳，尤以港島區為最。

事實上，術數中遣詞用字，風水書已經算客氣，若各位有涉獵紫微斗數，古籍隨手一揭，用字描寫得更加駭人：

「廉貞七殺同位，路上埋屍」

「破軍暗曜共鄉，水中作塚」

「貪會旺官，終身鼠竊」

又丟命，又作賊，何其狠毒的咒怨，看得人膽顫心驚。但只要不慌不亂，細心了解訣中含意，便知道所謂「埋屍」和「鼠竊」，只是描述一種可能狀況，真相未必如此，而且尚須許多條件配合才會成事。

同理，風水術語中所謂「煞」，只代表性質傾向負面，弊多於利，絕不可一錘定音，見煞等如被殺。刻薄一點說，要做到真正煞氣騰騰，家宅不寧，也須很多條

件配合，大局敗龍缺砂、宅運衰退、屋形與屋向不配，損丁破財、屋外巖巉尖射，還要加上流年流月流日沖起等等等等，如此敗局始成，你想一夜抄家也不容易。當然，一夜發達的難度也極高，上述的情況須悉數吉應，缺一不可。於是最常見的情況，就是家宅瑕瑜互見，有吉亦有凶，明乎此，便明白為什麼絕大部份人的宅運皆浮浮沉沉，普普通通。因此，完全不必為一兩個用字心緒不寧，見墳見廟便要搬屋。

換一個現代法的說法，這些「斬」、「煞」、「箭」，只是「重口味」的描述，有時難免誇大其詞，我們清醒一點，大可以平常心對待，不要輕率視之，也不要反應過敏。香港是一個石屎森林，大廈林立，建築物之間構成罅隙尋常事，但不見得看見這些罅隙的居所都遭殃，吉凶還須視乎大局和飛星的配合。至於墳場廟宇，香港地少人多，有時也難免看到。下文提及的各個屋苑，部份也有這種情況出現，無須馬上列入黑名單，更無須日夜惶恐。你好端端的一個人，大概不會打一兩個噴嚏便送命的，注意下便是了。

八不等於發

香港人喜歡八，取其諧音發，意頭好，於是電訊公司有八字的電話號碼格外搶手，自訂車牌有八字格外矜貴，層數八樓門牌八字也格外惹人好感，到處發發之聲。

從風水的角度，玄空風水有九星，每星各有屬性及顏色代表，其中一、六、八和九的性質一般較佳，顏色屬白和紫，由此觀之，八可以代表吉利，可是距離「發」之路尚遠。

香港人也好講風水，加上主流媒體的催化，大家耳濡目染下，都知道現在時值八運（2004-2023），一窩蜂的以為八運當旺，如果房子是八運樓，便會食正當元旺運，大發可期，於是紛紛搶購新樓有之，將所住的六七運樓改成八運樓有之，總之寧買當頭，非八不可。

可是頭腦發熱之後，從不反過來想想，如果時值八運，只有住八運樓才當旺，豈不是住在戰後舊樓、退氣已久的人個個失元失運，潦倒街頭？住在六七運樓的人大概也不好過，損丁又破財？若事實如此，試問哪些在中原地區聚居數十代的世家閥閱，名門望族，為什麼門楣可以光耀百年，詩禮傳家？

風水當然可以講，但不必要跟自己的常識過不去。

現在時值八運，《玄機賦》：「一權當貴，諸凶攝服。」固然以八為旺星，問題是這個當時得令的「權貴」，應該如何「知人善任」，適得其所，效果事半功倍？還

是不慎時空錯配，越准而枳，八不成八，變了王八？退氣的六七運，是否一定一無是處？

我們知道，一隊足球隊，十一個美斯，也不會成為地上最強，關鍵在於如何配搭和調動，其實放諸風水也一樣。

風水講求適時適運，一個適字，代表適合和適宜，箇中涉及一定條件和限制，不代表當運就萬事大吉，其他就不必談。就以八運來說，有一些房子的坐向並不適合，例如房子大門東北與西南對向（37.5°-67.5°與217.5°-247.5°），除了一些特定格局如倒騎龍外，整體宅運並不如七運相同座向的房子，損丁破財兼而有之。又例如，如果大門東西對向82.5°-112.5°與262.5°-292.5°，八運也不及七運，各位不妨加以驗證。舉一個實例，我們熟悉的九龍城，七運時盛極一時，中西食肆林立，處處車水馬龍，九龍城仿如不夜城；可是踏入八運後，九龍城卻轉趨沉寂，聲名冉退，部份店鋪生意大不如前，原因正是一些店鋪易手後，大肆裝修，改成八運樓，儘管一室明亮，裝修雅緻，生意倒不及其餘七運的舊店，愈新愈不濟事，影響所及，整體市況亦相對褪色。為什麼有這樣的落差？原因正是七運東西對向（風水上為卯酉向及乙辛向），東面見水，七運較八運更佳。由此可知，八不等如發，亟待其他具體條件配合。

筆者一位碩士生朋友，熱衷風水但並未深入鑽研，有次碰面說起他的新居雙八到門，言談間竊喜不止，預料大發可期，可他沒注意他的房子開門見窗，窗後還是一片大海，雙八到門反而害事。於是筆者就知道，有些人將常識和風水割裂，書讀得再多，學識再豐富，也不會運用到風水上，兩者老死不相往還。

其實風水不過是古人生活的體驗，加以累積和篩選的結晶，從來不應脫離生活的認知。自認醒目的香港人，為什麼要自我矮化？大局形勢、道路走向暫且不論，以為雙八到門便成事，發達豈非好容易？八運雙八到門的方向，廿四個山向中多達六個，足足四分一之數，由此推論，變相世界每四個人，便有一人富有，恐怕沒有這樣便宜的事吧！

此外，如果八運只有八當旺，約10年後踏入九運（2024-2043），屆時豈不是所有八運樓都要報廢，人人都要搬到新樓住？

此外，八運新樓普遍有個缺點，就是實用率偏低，有七成半已經算是良心之作，部份甚至僅得六成，於是房間一般十分狹小，安放睡床後，床末再沒空間留作明堂之用。風水上，明堂可以聚財，可耗費了你畢生積蓄購置的新樓，卻無餘暇給你進財，八不成發，矛盾不？

99:1

是的，是99:1，不是大家耳熟能詳的1:99，也不是100:0。

99:1的意義，是絕大多數與絕極小數的對比，兩者必會同時存在，恆常是多與少的分別。

古人聰明，一早勘破了世情，儘管世界森羅萬象，可是一事一物永遠存在絕大多數與絕極小數的比率，沒有一面倒的絕對，只有或多或小的相對。

風水是術數的一種，術數皆源於易經。易經就是古人智慧的精萃，以一陰一陽為本，演繹萬物。

各位可有想過，代表易經的太極圖，為什麼不是這樣的：

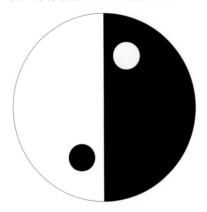

反之，常見的太極圖是這樣的：

圖中的黑色部份，代表陰；白色部份，代表陽。

　　所以如此，是古人認為陰陽之間不會是「一刀切」，而是交互存在。兩者亦並非相對，往往陰中有陽，陽中有陰，風水也不例外。

　　明乎此，便知道從風水的角度點評一個屋苑，從來不可斷言屋苑內每個單位皆吉或皆凶。本書內提及的各個屋苑，筆者固然會就外局形勢、道路走向，以至單位座向及間隔等作一認真分析，並且定下判語，粗論吉凶，唯所言之吉凶，可能適用於99%的單位，但總有1%的例外。

　　舉一個例，人人趨之若鶩的港島知名屋苑禮頓山，住客非富則貴，寓居於此，儼然是人生成就的標刻，足以炫人自炫。在一般人眼中，都以晉身這屋苑為半輩子追求的目標。但事實上，有一天你願望成真，才驚覺身為高官的芳鄰，行為接連引人非議，下台之聲不絕；也有前政治人物，惹上官非，惶惶不可終日。

　　如果凡禮頓山就好，這些達官貴人的遭遇如何闡釋？

　　至於人稱悲情城市的天水圍，儘管偶爾傳出不幸家庭事故，間或從建築物的高處墮下，自殘生命。但事實上，天水圍也有5**的狀元，父母樸樸儉儉，子女勤勤懇懇，一家人相處融洽，毫不悲情。

　　如果凡天水圍就差劣，又如何評價這些溫馨家庭？

　　因此，99:1的「黃金比例」，其實永遠存在。

　　筆者言此，並非為判斷失誤找遁詞，給自己開脫。筆者另有正職，並不以術數為業，無須找下台階。筆者亦從不相信可以鐵筆批命，妄言一切都是定局。

　　筆者只想說出一個現實，世事充滿變數，出現例外殊不為奇。在標示精準科學的物理學範疇中，也存在測不準定律，又名叫「不確定性原理」（Uncertainty Principle）。放眼現實，在醫學昌明的今天，有哪個手術可以保證百分百無誤？又有多少個已經判定無望的病人出現奇跡？

　　那為什麼尋常的術數可以例外？

　　筆者知道，這樣不免招來詆譭，至少執業的術者不會認同，但筆者以為，能夠認清例外，正是成熟看待術數的心態。知所不足，才可免墮於葉障，自以為是。

　　至於斷言吉凶云云，可能是術者希望自處高地，讓懵懵眾生盲目膜拜，可以為所欲為，也可能術者本身也未釐清術數本質，執者自迷。

　　因此，別忘了太極圖的圖示，在評價尚佳的屋苑，可以倒霉落泊；評價欠佳的屋苑，也有富貴雙全的房子，分別只是比例的多與少而已。

唱 K 歌與看風水

筆者一位好友，每年都會找筆者看流年風水，可他只會問一個問題：「今年風鈴該放在哪裡？」至於為什麼放風鈴，為什麼這裡放風鈴，他全然不管，更加不會問。筆者暗忖，他信奉即食麵文化，省勁、干脆、直接，風水有人看了，完全沒必要深究。其實這樣也好，令筆者省卻許多唇舌，一兩句交待過，我倆又聯袂尋樂去。

好友的行為，令筆者想起卡拉 OK。

大家都到過卡拉 OK 吧，那裡流行的歌，我們通稱為 K 歌。K 歌都有一個共通點：旋律簡單悅耳，歌詞通俗易記，難度不高，人人瑯瑯上口，具備一切流行的元素。

筆者寫這本書的內容，就像我們唱的 K 歌，希望做到簡單易明，從最普及的價值出發，以一個屋苑一間屋為單位，旺丁或旺財，利讀書還是不利姻緣，加以淺析和建議，目標僅此而已。

筆者明白，相信風水，不一定要深究；喜歡 K 歌，也不一定鍾愛音樂。

每人頭上一片天，無謂介入別人的領空，強求大同。我之熊掌，彼之砒霜。

那何以又要嘮嘮叨叨一番？筆者希望讀者知道，一屋一宅的吉凶，絕非風水的全部，縱非末節，也只是枝葉。

明代《地理人子須知》〈論帝都〉：「夫地理之大，莫先於建都立國」。

風水古名地理。追源溯本，風水的大用，是用於擇地建都，立國興邦，它關乎一國一地人民的福祉，選對了，興旺百年，百姓安居樂業，縱使經歷改朝換代，也倖免屠城之難，我們到今天，還可以目睹紫禁城六百年前的原貌，如何雄偉顯赫。

事實上，要探索一個紫禁城，一本專著厚若辭源也説不完，由選址、面積、水流、進深、擇色，以至陳設和間隔，無一不嚴格講究，細心考量，恪守風水準則，在在用時間説明了效果。

可是選錯了，誤擇一條逆走的河流，坐向失度，歷史就會無情責難，大城大縣屢逢塞厄，最後毀於兵燹，百萬人塗炭，南京就是例子。

我們活在香港，把風水用來看一千幾百呎的單位，當然可以；追求一家人的逸樂，也完全無可厚非，但以為這是風水的原意和本貌，卻未免小覷了祖師爺的智慧和眼界。正如閣下唱著 K 歌，也應該明白音樂的堂奧不止於此，別有浩翰天地。

各位看這本書，能從簡中找到樂趣，找到心水的房子，那是筆者的祈望。但如果可以藉此知多一點中國人的文化遺產，加以珍惜和欣賞，更是筆者的榮幸。

謝謝你的忍耐，閱畢全文。前置程式下載完畢，進入正題。

中西區

寶翠園

家宅東南方動氣，
利讀書科名遠揚

寶翠園

筆者跟寶翠園的前身有一段淵源。它的名稱沒變，然而悉數是三層高的平房，平實中滲透著含蓄雅緻，斜坡上一盞盞煤氣燈，昏黃暮色掩映下，飄溢著60年代香港優裕人家的韻味，隱約中呂奇和陳寶珠會在燈下談情，地老天荒。當時筆者的宿舍在附近，偶爾路過寶翠園，時光彷彿倒流，感受殊深。近日為寫此書，特意經過，看見高若參天的寶翠園，心中若有所失，餘緒俱了。

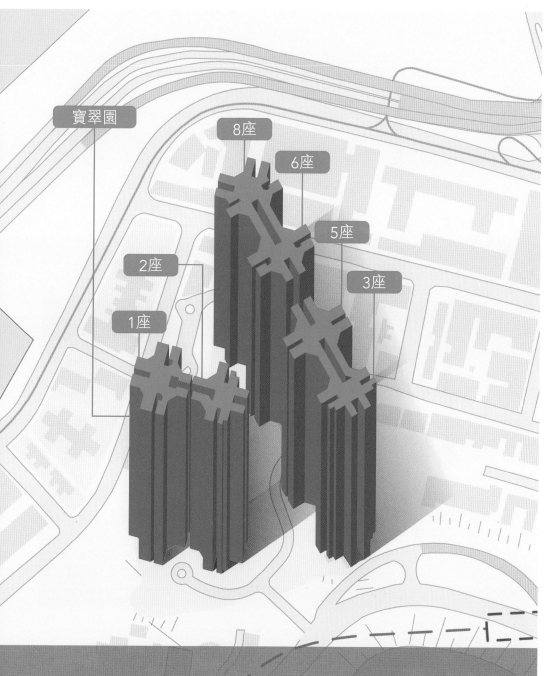

寶翠園

8座

6座

5座

2座

3座

1座

物業名稱	寶翠園	**地區**	中西區西半山薄扶林道 89 號
發展商	信德集團 / 新鴻基地產 / 新世界發展 / 廖創興企業	**落成年份**	2000 年至 2001 年
座數	6 座	**單位數目**	2213 個

背景

19世紀末，港府決定發展西環，自此與上、中、下環並稱四環。20世紀初，西環石塘咀的「塘西風月」盛極一時（見圖一），到處流鶯翠柳，當年政要商賈每喜在此地流連，買醉盡歡，「一蚊雞」的稱謂即由此而來。及至1935年港府下令禁娼後，西環才歸於沉寂。寶翠園毗鄰石塘咀，前身是高級公務員宿舍，建於1950年代，依山而立，環境清幽。1989年，由信德牽頭，聯同其他發展商，在原址興建同名之寶翠園，遂成今貌，2000年正式入伙。

【圖一】寶翠園附近之石塘咀，上世紀二十年代，曾是煙花之地，處處秦樓楚館。

【圖二】南高北低，八運零正倒置，丁財俱折扣，待至九運卻又合局。

大局

　　寶翠園位於香港石塘咀，基層為商場西寶城，連接卑路乍街，中層為正式住宅入口，連接薄扶林道，在其南面經過。再往南移為龍虎山，西面及北面皆為維多利亞港，南高北低（見圖二），八運並不合局，零正倒置，丁財俱嫌不足。可是，當踏入九運後（2024-2043），零神在北，宜低宜見水，正神在南，宜高宜見山，寶翠園則恰好正配，丁財兩旺，屆時又另有一番興旺。

東南動氣　利文昌科名

寶翠園共分兩期，第一期包括第1、2及3座；第二期包括5、6及8座。若想追求讀書順利，名氣遠揚，第1、2座位是首選。

第1、2座位於寶翠園偏西，在東南面有一條車路直通薄扶林道，兩路接合，故此方為其三叉水，乃動氣之位（見圖三）。風水上，東南面為巽宮，巽為風為文曲，古代利科名高中，聲望遠揚，《紫白訣》：「四一同宮，準發科名之顯」。若各位小心留意，類似情況在薄扶林道的另一端，早於百多年前已經出現——每年公開考試後，總有幾名狀元來自英皇書院。這間享譽百年的老校，是香港頂尖學府之一，歷來人才輩出，是高官名賈的搖籃地。觀乎英皇書院的本址，位於薄扶林道與西邊街交界，而令其文名大盛者，就是由東南方從高而下的漢寧頓道（見圖四），正在英皇書院巽方構成名實相符的三叉水，力量尤大，加上英皇書院紅褐色外牆（見圖五），五行屬火，而巽方屬木，為木火通明之象，主出聰名靈秀之士，無怪乎英皇書院迄立校譽不衰。

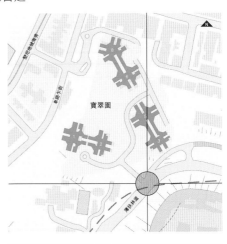

【圖三】薄扶林道入口恰在第1、2座東南巽官，且於此方動氣，利讀書科名。

【圖四】英皇書院享譽百年，科名格局天成，漢寧頓道從東南方巽官從高至低而至，沖動文昌之氣，匯聚於門前三叉水。

【圖五】紅褐色外牆，五行屬火，與巽木通明，堪稱匹配。

【圖六】國父孫中山亦曾就讀之香港大學，百年來校譽不衰。

　　孤例不立，隔鄰之香港大學情況亦然（見圖六）。東南方為扯旗山頂，巽宮高聳，北望維多利亞港，坎宮開揚，巽宮屬木，坎宮屬水，水生木旺，故主科甲聯芳，身貴名揚。以香港一個蕞爾小島，香港大學排名卻可屢居世界前列，稱雄亞洲，風水上自有詮釋。影響所及，在西環一帶以扯旗山為其巽方之樓宇，亦有利讀書，讀者不妨備忘。

　　然而，若時運不配，或巽方形勢巉巇，四一則會變成偏桃花，《飛星賦》：「當知四淫一蕩，淫蕩者扶之歸正。」四為巽為長女，一為坎為中男，二者身份不配。四一亂局，容易大搞男女關係，有失正統。篇首提及之塘西風月，娼業興旺，正是四一偏局之應。風水輪流轉，強調適時適運，此即一例。

內外對應　讀書長進

　　寶翠園第1、2座利讀書，其中又以D單位最佳，這因在宅內東南方巽宮山星及向星均為1、4，恰與室外寶翠園位於巽宮的總氣口呼應，正好疊4，室內飛星與室外格局匹配，內外相關，文昌之力大盛，學生在此方讀書應可長進。

　　這類單位，踏入八運卻不宜進行大裝修，包括換門換窗改天花等，因為倘成八運樓，東南巽宮即非1、4，飛星組合不同，作用乃異，即使大局之力仍在，究非室內室外對應，追求讀書順遂，未必可全如意。八運非全以八運樓為吉，又是一例。

切勿以窗台作床

　　近年落成的樓宇，房間面積一般不大，大部份更設有窗台，寶翠園便是一例。筆者見過一些新樓示範單位，為了增添睇樓人仕好感，刻意讓房間看來較為寬敞，竟然將床鋪置於窗台之上，蒙混過關。一些屋主有樣學樣，也就移船就磡，索性睡在窗台之上，騰出空間擺放家具。寶翠園實用率不足八成，加上屋形屬「飛機則」，主人房外，其餘房間狹小（見圖七），而且窗台闊大，可用空間更小。但儘管如此，勿以窗台作睡床，效果得不償失。

【圖七】寶翠園單位窗台闊大，有人依此建床，以為地盡其用，但風水上並不可取，適得其反。

　　筆者可以預言，睡在窗台上，睡眠質素一定欠佳，風水上絕不可取。原因很簡單，窗戶窗台用於採光納氣，恆常位處陽剛之地，一個人若長居於此，必然亢陽太盛。朝霞耀目，天甫光即醒來，亦難再入睡。整體陰陽不均，作息失衡，健康必受影響。

　　環觀全港，類似情況當非僅寶翠園一例，由於要「發水」發到盡，幾乎所有新樓均是如此，樓齡較久的大型屋苑如太古城及美孚新邨，反而沒有這個問題。現在八運，風水上卻不儘以八運樓為貴，信乎？

坐向優劣

　　寶翠園共有六座，雖然都是普遍的一梯八伙間隔，但第一座與其餘五座的設計略有不同，八個單位並非常見的兩兩對向屋則，其中E、H單位扭轉了45度開門，其他單位都是南北對向、東西對向，E單位是坐西南向東北，而H單位則是坐西北向東南，門向不同，飛星各異，各位不可不知。茲淺析如下：

　　第一、二座A、D單位南北對向，風水上為丁癸向，分別是雙星到山及雙星到向之局，主旺丁或旺財，但僅得其一，且室內佈置未相呼應，稍嫌瑕疵。如前所述，D單位更利讀書，可作參考。

　　而B、C及F、G單位，東西對向，風水上為乙辛向，七運大利，到山到向，旺丁旺財，尤以F、G向東單位更佳以及東西對向，而第一座E、H單位分別是坐

西南向東北，風水上為坐申向寅，以及坐西北向東南，風水上為坐亥向巳。

E單位雙星到向，主旺財；H單位為一層8個單位中，飛星組合最劣者，既犯「上山下水」，財丁俱損，亦為「連茹卦」，全盤飛星劣配，株連全屋，愈發其敗愈速。

第二座E、H單位與第一座坐向不同，與A、D單位同為南北對向，反為好事，請參閱上文。

一路分隔　吉凶有異

與第1、2座一路分隔的第一期第3座及第二期5、6及7座（見圖八），卻與利讀書科名沾不上邊。以該四座而言，薄扶林道之入口位於其西南方，西南為坤為藥，失運易招病痛，故同一個寶翠園，不可等而論之。

四座同一坐向，分別為東南與西北對向及西南與東北對向，風水上稱為巳亥向及寅申向。

先就巳亥向而言，七運並不可取，既犯「上山下水」，主損丁財，亦為「連茹卦」，惡配株運全屋；若單位坐東南向西北更劣，八運犯「入囚」，應旺不旺。

至於寅申向則稍佳，七運「雙星到山」或「雙星到向」，主旺丁或旺財，唯亦僅可得一，未能全美。

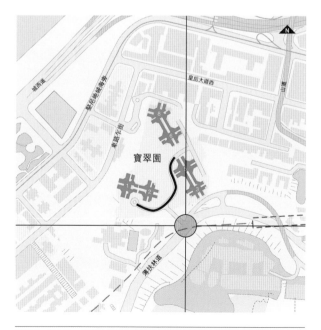

【圖八】一路之隔，分別可以極大，故論風水不可隨便。

優點

1. 海景遼闊，望向九龍西、昂船洲及遠至青馬大橋，看不見缺口，有風水上之「兜收」，可聚財。

2. 第一期整體大勢合風水上「一四同宮」之局，利讀書考試。

3. 與禮頓山相同，屬少有建於原山地的大型屋苑，地氣一脈相承，宅運較長久。

缺點

1. 屋型為「飛機則」設計，鑽石廳，飛星分佈不均，宅運較難持久平和。

2. 部份單位狹小，擺放睡床後，不容易留下空間作明堂之用。

建議

1. 家中有子女正在求學，選擇第1座及第2座較佳。

2. 切勿睡於窗台之上，影響睡眠質素。

整體評分

評價 3.5

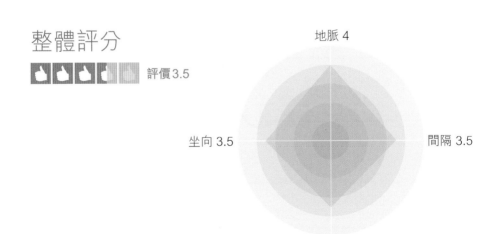

地脈 4

間隔 3.5

外局 3.5

坐向 3.5

灣仔區
禮頓山
一個地方愈多達官貴人聚居，
風水一定愈好？

禮頓山

禮頓山是港島區著名豪宅之一，住客非富則貴，有頭有臉，家住禮頓山，好像很惹人羨慕。問題是，多知名人仕聚居的地方是否一定好風水？是否每一座每一個單位都丁財兩旺，生活順遂？事實似乎又並不見得。這樣説，恐怕會戳破許多人的夢想！然而，證諸現實生活，這裡的確居住了無可置疑的富戶，但也有人惹官非、犯眾憎，惡名幾乎天天見報。

禮頓山各座排龍不同，座向不同，決定了吉凶休咎。可見風水要看的是一盤數，不可以單憑一個地段、一份名氣衡量。

禮頓山

9座

8座

7座

6座

5座

3座

2座

1座

物業名稱 禮頓山		**地區** 灣仔區跑馬地	
發展商 新鴻基地產		**落成年份** 1990 年至 1994 年	
座數 8 座		**單位數目** 544 個	

背景

　　禮頓山所在的銅鑼灣，開埠初期名叫蓮花宮，原本是像一個銅鑼的內灣，岸邊是現時的大坑的銅鑼灣道（見圖一）。上世紀50年代開始填海，與東角道拉平，後來興建成維多利亞公園。禮頓山正是位於跑馬地與銅鑼灣之間的一段山巒（見圖二），分隔了兩地，山腳即為禮頓道，目前同名之豪宅禮頓山，地理位置高聳，是香港為數不多建於原山地的大型屋苑。

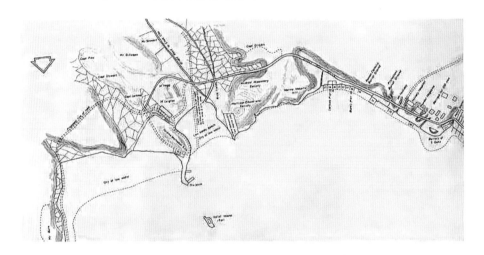

【圖一】銅鑼灣一帶原來地貌，與灣仔並視之，仿如一頭鵝，今堅拿道又名鵝頸橋，即由此而來。

【圖二】圖右方隆起之山頭即為禮頓山，橫亘前方之河流為未填塞之堅拿道（Canal Road），圖中深色部份為利園山，再遠處為未填海前之銅鑼灣，因形如銅鑼，故名之。

維多利亞港

銅鑼灣避風塘

維多利亞公園

維園道

銅鑼灣站

軒尼詩道

禮頓道

禮頓道

保良局

紀利華木球會

禮頓山

加路連山道

連道

香港足球會

黃泥涌道

樂活道

樂活臺

比華利山

樂活道

馬場

【圖三】禮頓山南高北低，八運雖不合局，九運卻正神零神俱在，丁財兩旺。

大局

　　禮頓山共有八座，由東南至西北呈微弧型排開，東南面沿樂活道蜿蜒而上，是畢拉山一帶高地。西南面面對跑馬地馬場，遠眺灣仔東半山司徒拔道，東面近為加路連山道，遠望大坑半山，北面為銅鑼灣市區，遠處望維港（見圖三）。從八運零正而言，東北不見山，僅為銅鑼灣鬧市，正神不合；西南雖亦不見水，唯可望跑馬地空曠馬場，加上北面為維港真水，可補零神不足，故財運反而不俗。展望未來九運，南面需有山，北面需見水，禮頓山恰好合局，風水較八運為佳，丁財俱可得益。

風水概念古今不同

風水之學，是古人對居住環境四周累積而來的經驗，經過多年沉澱、爬梳理剔而來的學問，故其標準乃根據古代環境而釐定，若將之硬套於今天社會，部份見解難免出現歧義。舉一個例，今天香港，居宅景觀開揚已經不易，若擁有遼闊馬場景，更加「煞食」，沙田區固然以此為賣點，早年的銀禧花園、駿景園，近年的御龍山，以至城門河對岸之碧濤花園，均可享沙田馬場景；在港島區，跑馬地前臨馬場一帶的住宅，樓價更加水漲船高，索價驚人，看見與看不見馬場，差價動輒以倍計，「煞食」正是今天對馬場景的認知；

殊不知在堪輿角度，馬場只是「煞向」，毫不「煞食」。在古代，馬場用作校場，讓武將練兵競技，予日後上陣殺敵之用。雙方兵戎相見，雖份屬同袍，怎樣避重就輕，亦不免折戟受創，血染沙場，難以全身而退，故視校場為帶煞之地。況且，古代以科舉功名為正途，視上陣殺敵的武將為異路功名，常人不取，校場等地，更是避之則吉。故此，校場一般遠離民居，平民百姓亦以金戈鐵馬為忤，以煞名之。《陽宅十書》：「不居故軍營戰地。」

時至今日，馬場競技雖已脫離校場性質，改用於博彩娛樂，但騎師墮馬以至馬匹折足之事亦時有所聞（見圖四），帶煞性質不變，除非戶主本身從身帶煞行業，諸如紀律部隊或出任刑事律師，與煞相應，甚至可受神益，仕途蒸蒸日上；可是普通人始終不宜，輕則家人感情欠和諧，六親不全，容易分散各地，重則招惹官非刑律，或者身體欠佳，此等皆是承受不起惡煞的後果。

【圖四】馬場墮馬傷人時有所聞，故視之為煞。

評價禮頓山，可以説瑕瑜互見。它是香港罕有建於原山地上的大型屋苑，地氣一脈相連，遠較填海地優勝，樓價縱昂亦物有所值；可是，禮頓山既望古人視為金戈鐵馬的校場，間隔上亦為遷就飽覽馬場全景（見圖五），除了第一座A、C單位（見圖六）外，其餘均採開門

【圖五】人人趨之若騖的跑馬地馬場場，禮頓山一覽無遺，可是諷刺地風水上並不視此為吉，高官名人連接出事，信焉？

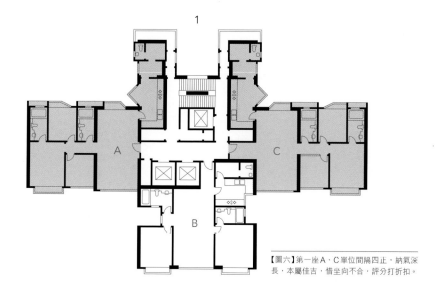

【圖六】第一座A、C單位間隔四正，納氣深長，本屬佳吉，惜坐向不合，評分打折扣。

見窗的設計（見圖七），風水上視之為「穿」，是為真正「洩氣」，難以雍聚，並不作吉論，禮頓山設有兩個入口，一個在黃泥涌道，經禮頓山社區會堂，步行進入禮頓山；另一條為車路，沿樂活道駛進禮頓山道。

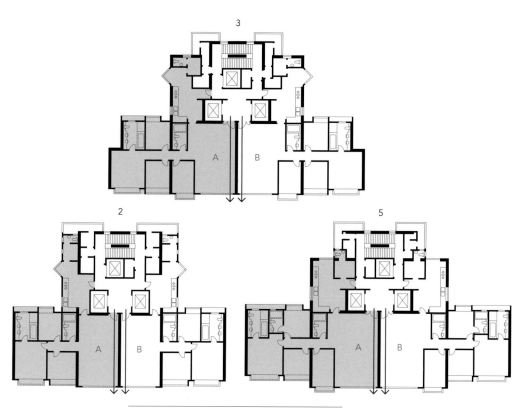

【圖七】大門直望窗戶，風水上稱為穿射，門後宜設屏風擋之。

坐向優劣

　　禮頓山共有8座，每座坐向略有不同，大致上為坐西南向東北，唯其中稍有差異，吉凶判斷亦異，現淺析如下：

　　第一座一梯三伙，A單位及C單位為東南與西北對向，B單位則坐東北向西南。

　　A單位坐西北向東南，風水上為乾山巽向，七運「上山下水」，丁財俱損，並屬「連茹」卦，語出《詩經》「拔茅連茹」，株連全屋，愈發則其敗愈快。

　　B單位坐東南向西北，風水上為巽山乾向，入伙後兩年即踏入八運，既犯「入囚」，應旺不旺；亦為「上山下水」，並屬「連茹」卦，語出「拔茅連茹」，株連全屋，愈發則其敗愈快。

　　C單位坐西南向東北，風水上為艮山坤向，雙星到向，原主旺財，可是大門外為電梯走廊及實物，向星不得用，坐山方卻為開揚馬場景，飛星與格局不配，加上開門見窗，犯「穿射」之弊，容易財來財去。

　　第二座坐東北向西南，風水上為寅山申向，格局上與第一座C單位相似，原主旺財，但格局不合。飛星盤雖一，力量卻稍次於第一座；唯第一座位處單邊，無靠，第二座可以第一及第三座為靠，又較為優勝。

　　第三座也是坐東北向西南，風水上卻是寅山申向兼甲庚（見圖八），坐向為八座中最差。凡兼向，即納氣不純，須用替卦。飛星盤七運僅到山而不到向，主破財，門向亦犯反吟，卦爻駁雜，不吉。

　　第五座與第二座坐向相同，可參考上文。

　　第六座同為坐西南向東北，風水上為坤山艮向兼丑未，犯兼線之弊。七運到向不到山，主損丁，A單位更差，效應包括健康及甚至惹官非。

　　第七座為未山丑向，納氣單純，雙星到山，但山星見水，向星卻得用，主旺財卻損丁。

　　第八座為坤山艮向，雙星到向，原主旺財，但向星見山不得用，恐財運不繼，山星亦下水，主損丁。

【圖八】第三及第六座坐向，犯兼線之弊，容易家庭欠和諧，甚或犯官非。

優點

1. 香港罕有建於原山地上的大型住宅，地氣貫注，一般較填海地為佳。

2. 單位間隔四正，飛星分佈平均，宅運一般可較長久平和。

3. 九運正神零神俱合局，風水較目前八運為佳。

缺點

1. 直望馬場，視線毫無遮擋，煞氣太大，除個別行業如律師、警察等適合外，風水上反為不吉。

2. 單位開門見窗，犯「穿射」之弊，未能藏風聚水，容易財來財去。

3. 第一座 A、B 單位，雖無「穿射」，可是元運坐向不合，評分打了折扣。

建議

1. 各座坐向不一，宜小心選擇，第三及第六座向犯兼線之弊。

2. 其餘各座亦非盡屬可取，以第二及第五座較佳。

整體評分

評價3

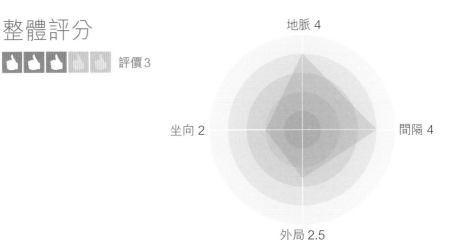

地脈 4

間隔 4

外局 2.5

坐向 2

東區

太古城

全港藍籌屋苑龍頭，
風水上優勢何在？

太古城

稍稍留意香港的樓價走勢，都會發現太古城漲得快，跌得慢，並且不是偶一為之，樓價「硬淨」得驕人。多年來，坊間都從地點與間隔的角度剖析太古城的優勢何在，部份論據與風水不謀而合，可見風水與現實環境關係密不可分，下文就太古城一例加以說明。

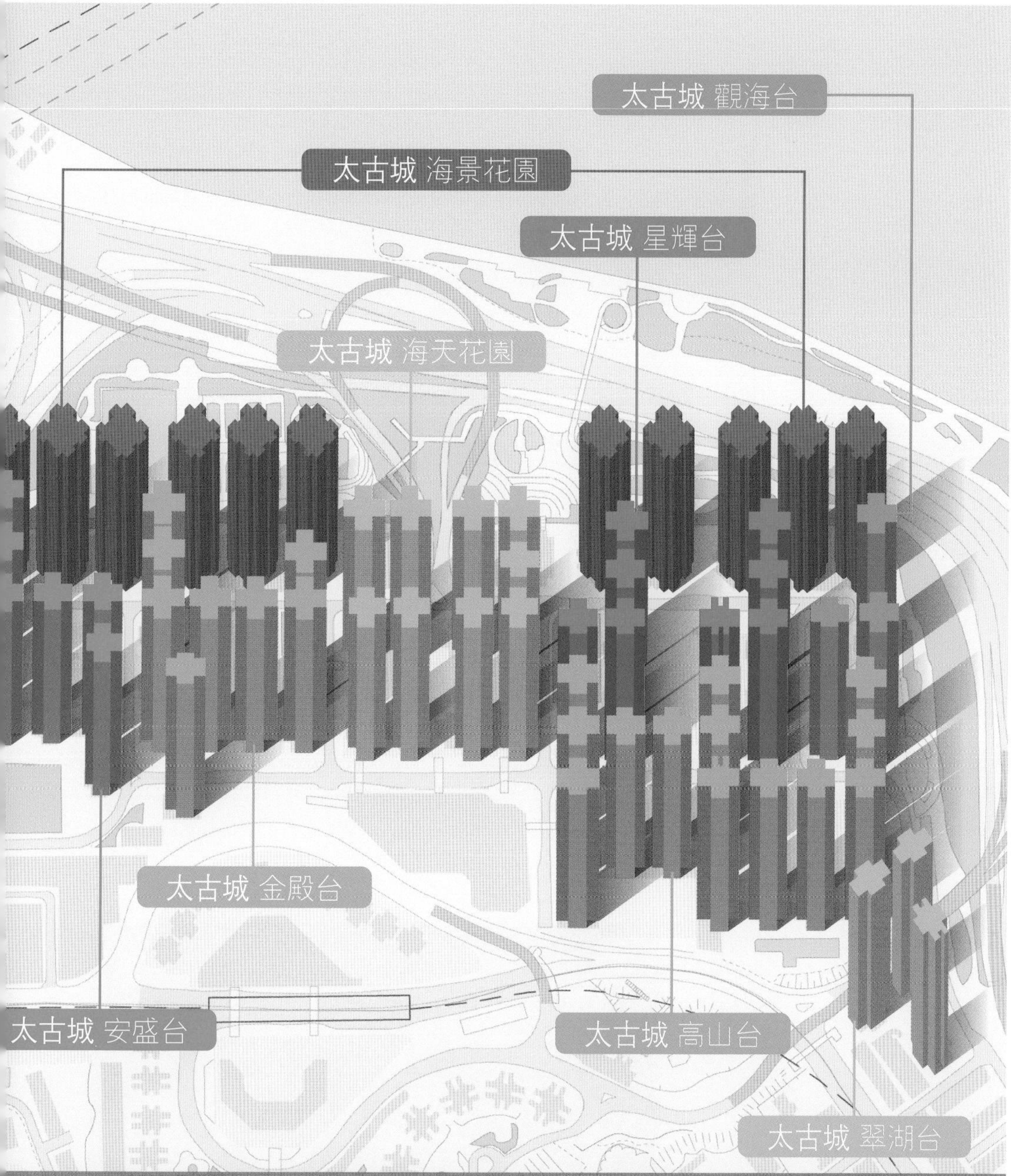

太古城 觀海台

太古城 海景花園

太古城 星輝台

太古城 海天花園

太古城 金殿台

太古城 安盛台

太古城 高山台

太古城 翠湖台

物業名稱	太古城	**地區**	東區鰂魚涌
發展商	太古地產	**落成年份**	1977 年至 1987 年
座數	61 座	**單位數目**	12698 個

背景

太古城前身為太古船塢,早於1883年已經成立,選址於當時一帶還是不毛之地的鰂魚涌(見圖一),船塢規模龐大(見圖二),員工人數數以千計,需在同區及西灣河附近興建宿舍容納,該址全部以「太」字冠名,就是今天的太祥街、太富街等地。及自1970年代後,造船業日趨式微,太古船塢遷往青衣,原址改建為住宅及商業區。太古城分開多期發展,前後經歷10年,於1977年落成第一期「翠湖台」,最後一期之「海天花園」則於1987入伙。

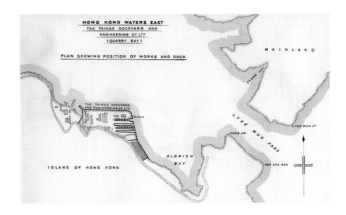

【圖一】太古船塢原址,明顯可見填海而來,注意當時鯉魚門的拼音是 Lyee Mun Pass。

【圖二】太古城前身,圖中由上而下的道路為英皇道,山上即為現今之康怡花園,圖左下方為太祥街及太富街,上之建築物是當時的員工宿舍。

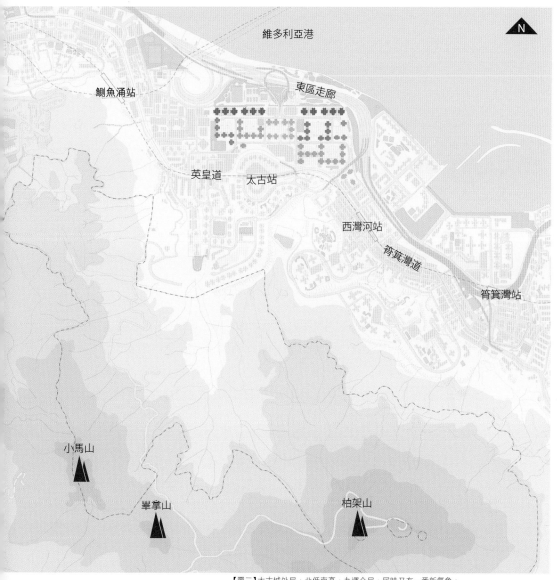

【圖三】太古城外局，北低南高，九運合局，屆時又有一番新氣象。

大局

　　整個太古城為正南北坐向，北面面臨維港及東區走廊，西北面為東區海底隧道入口，西面為太古坊和鰂魚涌半山，南面近為英皇道太古城一段，遠為柏架山高地，東面與西灣河毗鄰，再遠處是筲箕灣避風塘。太古城七運合局，故大旺。現為八運，正神在東北，為西灣河對出之維港，卻見水不見山，正神不合，幸而南面為畢拉山，補欠正神山之不足；零神在西南，雖無真水，而為英皇道鰂魚涌一段，幸而北面亦見維港，補零神之不足（見圖三）。展望九運，正神在南，零神在北，太古城又合局，局面可期較現在更佳。

天市垣化身　人流暢旺

太古城集商廈與住宅於一身，是少數商住俱佳的選擇。商業方面，太古城中心共分四期，最早一期始於1982年落成，後於1993年全期進入商務營運。

多年來，太古城中心人流如鯽，生意暢旺，此點可從風水中輕易找到端倪。太古城中心是一個天市垣局，天市的意思，就是天上的市垣，乃商業往來之地。

傳統的天市垣局，都有四條水，從四正（東、南、西、北）或四隅（東南、西南、西北及東北）的方位流通垣局之內，香港本身以至美國紐約的曼克頓都是典型的天水垣局，詳情不關本書題旨，暫且不表。天市垣局可大至一城一市，亦可少至一鎮一區。

觀乎太古城中心的佈局，正是天市垣局的微型版，規模雖小，力量依然。太古城中心位於太古城中央地帶，在其北面，有從東區走廊迴旋而至的車輛駛入；而其南面，則是太古城港鐵站所在，每日成千上萬人流由此進出；而太古城道則橫亘在東西兩方，輾轉連接通衢大道的英皇道，汽車往來頻繁，結合南北兩面，給太古城注入強大動力（見圖四），無怪乎太古城中心歷久不衰，風水上其來有自。

太古城另一稱善之處，是實用率奇高，達九成之用。筆者入內觀察，也微詫於六百多呎的單位，竟然室寬如現今新樓的八九百呎單位，而且間隔四正，又不設窗台，相當「足秤」。這類高實用率的屋苑，從擺放家具以至居住的角度，當然十分合適，若從風水觀之，廳大房大的單位也是上上之選。就以香港人最關心的財位而言，房大單位的好處是安放睡床後，床尾可以留有足夠空間，作「明堂」之用。堪輿上，「明堂」可以聚財，「明堂」愈空闊平整，聚財愈易。

今人不察，喜將空間用盡，擺置矮櫃和電視有之，床尾堆滿雜物有之，無異於「撥水出明堂」，不利求財。部份新樓實用率「屢創新低」，睡房兩堵牆壁之間，僅可安放睡床，之後再無餘位，全無「明堂」可言，難怪常聽到友儕間呻又無錢剩了。

太古城雖然樓齡高達30多年，依然是龍頭屋苑，此與其間隔大有關係，一般新樓望塵莫及，也可反映風水的要求與現實環境不謀而合。

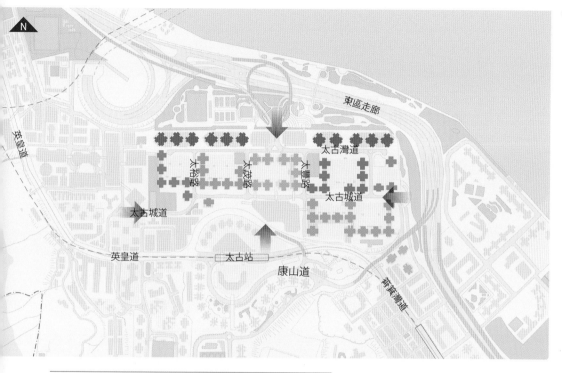

【圖四】東、南、西、北四正向之氣，匯聚於太古城中央，無怪乎多年來丁財兩旺。

建於填海地上　較難久居

　　當然，太古城並非毫無挑剔之處。上文提及，太古城的前身是太古船塢，原址填海而來，風水上，凡填海地利財祿不利人丁，效應包括賺錢雖易，但家宅往往人丁較單薄，亦不能久居。太古城坐西向東的單位，東面有筲箕灣避風塘海景，形理合局，七運大旺，樓價屢創新高，業主見樓宇賣得好價錢便割愛，寧願另覓居所，先賺一大筆，因此，業主住到風水樓卻反而為錢放棄，安居時間短暫，正是此應。

　　事實上，太古城樓價迭見新高，買賣兩旺，業主買入單位旋即遷出，正可完全反映利財祿不利久居的填海地本質。現代人金錢掛帥，自然不以為意。然而，填海地不利人丁，論健康也不及原山地。沒有健康，再多的錢也是徒然，各位不妨想想。

光煞之害　宜多注意

　　此外，部份太古城內園望向太古城中心的單位，風水上並不稱善。太古城中心各期外牆設計均為玻璃幕牆大廈，可反映窗外景物，在日光照射下，格外閃爍奪目，望之令人眩暈，風水上稱之為「光煞」。故凡居於望向玻璃幕牆的單位，稍嫌不吉，如凶星飛臨此方，倍顯其惡。其中海天花園冠天閣和天逸閣的E、D單位，和高山台的富山閣和高山閣的E、F、G、H單位，面向太古城中心第1期（見圖五）；啟天閣、海天閣、富天閣及彩天閣A、H單位面向太古城中心第3期和第4期；而自港島東中心於2008年落成後，也是採用玻璃幕牆設計，令安盛台的興安閣的中高層單位也受影響（見圖六）；此外高安閣亦鄰近西面的濠豐大廈，出現「光煞」，各讀者選擇單位時，可以多加留意。

【圖五】太古城中心明顯可反映對面海天花園影像，風水上稱為「光煞」，並非吉應。

【圖六】數年前落成之港島東中心，也是採用玻璃幕牆設計，附近的樓宇也受影響，興安閣便是一例。

坐向優劣

除翠湖台外，所有單位均為南北與東西正向，風水上稱為四正向。

先就南北坐向單位而言，風水上七運為子午向，凡坐南向北者，為雙星到山，主旺丁；凡坐北向南者，為雙星到向之局，主旺財，而兩者皆以大廳及房間窗戶向西者較向東者吉。

至於東西對向的單位，風水上為卯酉向，凡坐東向西者，為雙星到山，主旺丁；凡坐西向東者，為雙星到向之局，主旺財，而兩者亦皆以大廳及房間窗戶向南者較北者為吉。

　　太古城既為正向，最大的好處是間隔四正（海景花園除外），撇除一般人的通識認知，覺得實用好使外，若以堪輿角度理解，玄空飛星分佈四方，家宅亦宜「四四正正」，互相配合，則吉者續吉，凶者亦不太凶。事實上，古代的四合院正合乎四正原則，故稱四合（見圖七）。一般民居亦以方正為常，只要排龍合局以至坐向合度，往往可聚居竟達數百年之久。

　　海景花園則屬概論部份提及之飛機則（見圖八），雖為千呎大戶，屋形卻呈不規則狀，屋內亦多轉角位，令納氣不平和，吉且為吉，凶卻愈凶，不若太古城餘期之平穩。

　　至於翠湖台，僻處太古城東南一隅，四面被公路圍繞（見圖九），先天上打了折扣。六運樓，坐向跟太古城其他單位不一，為東南與西北對向，以及東北與西南對向。風水上前者為巳亥向，分別是雙星到山及雙星到向之局，七運「入囚」，現已雖時值八運，但六運究屬退氣，並非「當時得令」，宅運受冷退之弊，家中狀況俱不如前。而東北向與西南對向之單位，六運到山到向，主旺丁旺財，唯同樣時為八運，冷退依然。

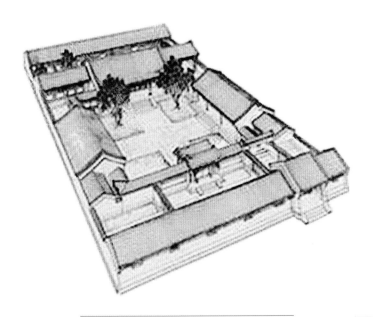

【圖七】四合院貌。注意大宅門並非設於正中央，而多偏於右隅，此因四合院多坐北向南，宅門設於東南方，一是文昌位所在，二是排龍原因。

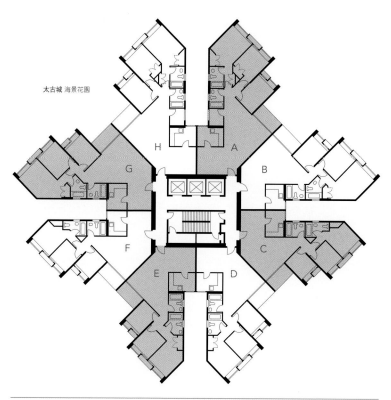

太古城 海景花園

H A

G B

F C

E D

【圖八】海景花園為「飛機則」設計，屋形多缺角，飛星分佈不均，宅運欠平穩。雖屬千呎大單位，評價反不及太古城其他單位。

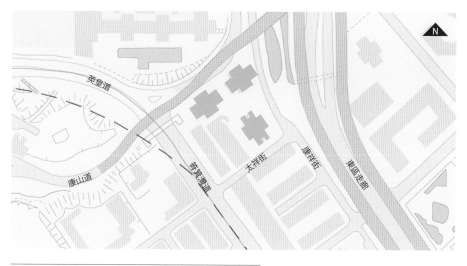

【圖九】翠湖台最早建成，卻闢處一隅，四周遭馬路包圍，坐向亦有瑕疵。

優點

1. 除翠湖台外，餘座悉立正向，宅運一般較為長久。

2. 間隔四正，無缺角之弊，飛星平均分佈，家宅上落平和。

3. 實用率極高，廳大房大，安放睡床後，床尾留下大量空間，可作明堂之用，有利聚財。

缺點

1. 建於填海地上，雖於財祿，人丁始終較難聚，亦不利久居。

2. 海景花園為「飛機則」，間隔欠平穩，宅運流動較大。

3. 部份單位洗手間正對客廳，對健康不利，宜設活門，經常關閉。

建議

1. 部份單位開門見窗，易犯洩氣之弊，宜將尾房窗簾拉上，或將房間關閉。

2. 大部份尾房單位，出現「夾角窗」（詳情請參考「大埔中心」內容），宜封閉其一。

整體評分

評價4.5

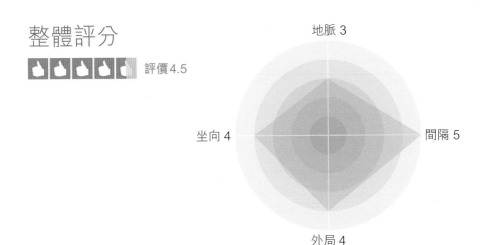

地脈 3

坐向 4

間隔 5

外局 4

南區

海怡半島

山管人丁水管財，
關鍵在怎麼管法。

海怡半島

海怡半島是香港十大藍籌屋苑之一，景觀極為多元化，大概可分為屋邨景、開揚或狹隘內園景，泳池景，山景和海景。以今時今日的標準，當然以望海景最佳，樓價亦最高最搶手。可是從堪輿的角度，這種觀點恰與古人相反。古人相信，居住的房屋若前臨大海大湖，隨著水性飄盪，家中人亦易流散各地，人丁難聚，不以為吉，故設一照壁於居所正前方，反將開揚景觀遮擋（見圖一）。海怡半島四面環海，正好以此説明風水上居所前臨海景的要求。

【圖一】圖中明顯可見，照壁用以分隔居處與河流，古人寧捨河圖，也不要人丁流散，觀念與今天迥然不同。

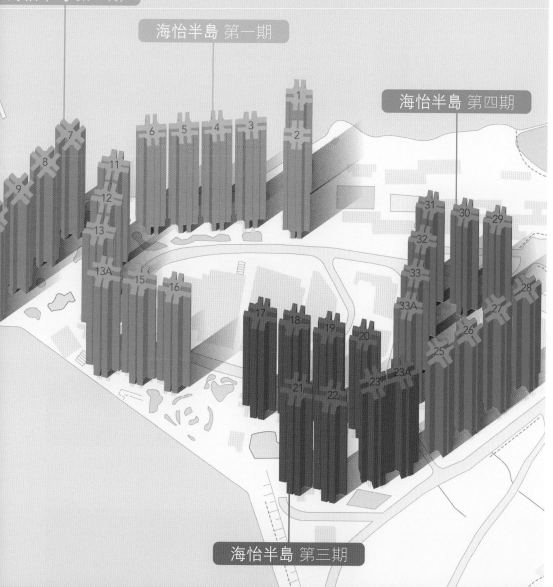

海怡半島 第二期

海怡半島 第一期

海怡半島 第四期

海怡半島 第三期

物業名稱	海怡半島	地區	南區鴨脷洲
發展商	和記黃埔 / 長江實業 / 嘉宏國際 / 香港電燈	落成年份	1992 年至 1995 年
座數	34 座	單位數目	9812 個

背景

　　海怡半島所在的鴨脷洲，古老相傳，鴨脷洲外形仿如鴨頭，而在島之南方建有石礁，其形如舌，整體觀之一如鴨舌，唯「舌」與「蝕」同音，為避諱故改名鴨脷。鴨脷洲早於明朝已有民眾定居，以捕魚為業，由於水路阻隔，一直近乎與世隔絕（見圖二）。及至上世紀80年代，鴨脷洲大橋通車及鴨脷洲村入伙後，市況才漸活躍。海怡半島前身是鴨脷洲發電廠（見圖三），遷址南丫島後，海怡半島於1992-1995年落成，令鴨脷洲一躍而成世界人口密度第三高的小島。

▲【圖二】五十年代鴨脷洲原貌，一派漁村風情，其時並無道路直抵鴨脷洲，只靠舢舨往來。
▼【圖三】鴨脷洲發電廠原貌，圖右大廈為當時剛入伙的鴨脷洲邨。

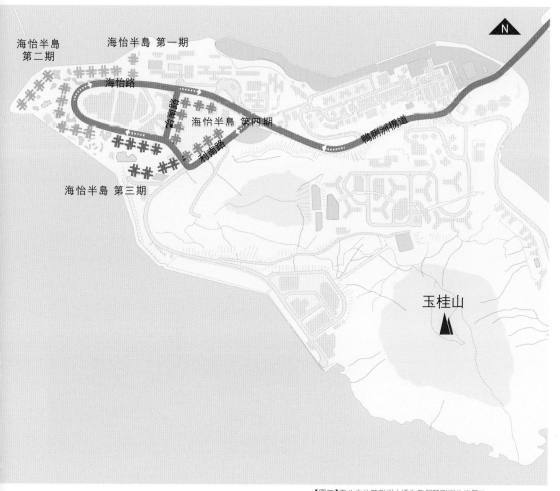

海怡半島 第一期

海怡路

海怡半島 第四期

鴨脷洲橋道

利南路

海怡半島 第三期

玉桂山

【圖四】東北方的鴨脷洲大橋為整個鴨脷洲的總氣口。

大局

　　海怡半島位於鴨脷洲西面。鴨脷洲四面環海，僅以東北方的鴨脷洲大橋與外連繫，故此方為其總氣口所在（見圖四）。進入海怡半島的車輛，悉數先經鴨脷洲大橋左轉入利南路，再駛入海怡路，或沿鴨脷洲橋路直行，再左轉入怡南路，兩路在海怡路南端匯合，再順時針單向環繞海悦半島，最後在北面之怡雅路向鴨脷洲橋方向駛出。

　　東北方為艮方，亦即八運正神所在，海怡半島踏入八運後得以長足發展，實拜此方來路所賜。

水管財　在於怎麼管法

風水上有一句近乎通識的概念——「山管人丁水管財」，一般人見有「丁」和有「財」，便頭腦發熱地以為，有「山」便有「丁」，有「水」便有「財」，殊不知看漏了一個「管」字，它的意思只是「人丁」由「山」管，「財祿」由「水」管，可是怎麼管法才是關鍵。銀行之內，既有存款數目驚人的客戶，是不折不扣的富人，也有負責出納的櫃位服務員，錢財只屬過手，兩者完全不一樣，並非身處銀行就是有錢人，這點必須清楚劃分。

風水上，看山看水自有一套傳之已久的理論和規條，合者稱吉，始可有丁有財；不合者稱凶，見山見水也不為佳。就以「水」為例，一個最起碼的要求，就是水不可太接近居處，宜保持一定距離，否則為凶象，古人對此一早明察，故有「案頭」之要求。案頭須設於臨水之濱，用以阻隔水與建築物，令前臨之水雍聚，水聚才可財聚。舉一個實例，未遷址前的天星碼頭，正是滙豐銀行的案頭（見圖五）。歷年來，滙豐銀行一直手執香港銀行業牛耳，連年賺大錢，儼然是個金漆招牌，極其穩陣的投資對象，「聖誕鐘，買滙豐」。吊詭的是，2006年拆卸天星碼頭後三天，滙豐就發出了百年來第一次盈警！沒有了案頭，大笨象就給風浪栽個四腳朝天，你說巧合不巧合？

【圖五】天星碼頭舊貌，作為滙豐銀行的案頭，拆卸後滙豐馬上發出百年來第一次盈警，究竟是事有湊巧，抑或風水效應，讀者可自行判斷。

案頭的作用有二，一是如適值天文大潮，或者暴雨成災，河水泛濫，案頭可起緩衝作用，抵消凶猛大水沖毀居處，避免造成人物及財物損失；二是防止家中人丁流徙，蓋古人以為水性流動，帶遷徙之象，若不加以阻隔，家人須為生計飄洋渡河，容易人丁不全。這情況對務農為主，強調人口生產力的古代當然視之為凶。

因此，古人從不以臨水之濱為吉，稱之為「割腳水」，意思就是「水」猶如利刃「割腳」，令家宅受損。

由其意象，可引證水之破壞力。因此，有水並不保證有財祿，有時反成凶險，即鹿無虞。一個「管」字，只說明看財祿是水的職責，我們須詳其職，問其責，才可判斷財祿是多是少，是增益還是損失。

【圖六】海怡半島低層單位尚且與海水相隔如此毗近，高層無疑就是「割腳水」。

　　就以海怡半島為例，第二期及第四期部份單位建成元運、單位座向完全一致，但這樣並不代表兩期住宅的風水就會一樣。第二期7、8、9、10座（並包括第一期臨海單位等）位處海邊，正為「割腳水」之弊（見圖六），樓層愈高，割腳愈甚。類此情況，在香港極為普遍，近屯門碼頭一帶的私人屋苑，包括慧豐園和邁亞美海灣，以及小西灣的藍灣半島和西環泓都等，皆臨海而建，部份單位即犯割腳之弊，適逢家宅飛星劣配，形理俱壞，屋運將大打折扣。

　　各位不妨細心想想，若見水即為財祿，世界上那些千島之國，諸如菲律賓、印尼，以至非洲臨海的國家，豈非大發特發？事實並不盡然，部份更長年窮困，經濟發展停滯不前。一個「管」字，可圈可點，信焉？

坐向優劣

　　海怡半島所有單位皆為「鑽石廳」（見圖七），呈不規則形狀，而且除部份特大單位外，餘皆開門見窗，風水上視此「洩氣」，一般效應為財來財去，家當較難積存。茲逐期分析如下：

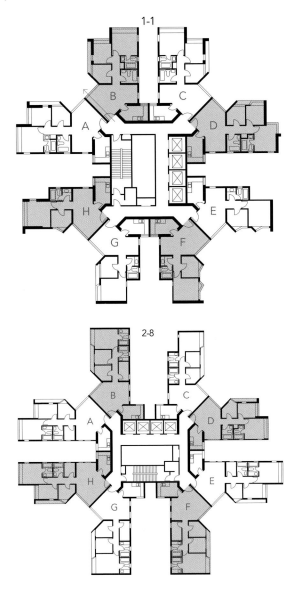

【圖七】海怡半島單位平面圖。

　　第一期為第1-6座，一梯八伙，悉為東南與西北對向，風水上為巽乾向，或西南與東北對向，風水上為艮坤向。

　　先就前者而言，單位若坐巽向乾（坐東南向西北），以現時為八運論，皆屬「入囚」，亦為「上山下水」及「連茹卦」，劣配分佈全屋，不作吉論。而坐乾向巽（坐西北向東南）之單位，氣運雖較長，無「入囚」之虞，唯「上山下水」及「連茹卦」不變。

　　至於西南與東北對向之單位，七運為雙星到山或雙星到向，旺丁或旺財，唯僅可得一，而且開門見窗，始終要打折扣。

　　第二期為第7-16座，有兩個坐向。7-10期為南北與東西對向，前者風水上為子午向，原只旺丁或只旺財，但亦因海怡半島單位開門見窗的關係，變成丁財倒置，吉凶混雜。至於後者風水上為卯酉向，原為到山到向的吉局，但當對應房屋間隔，反為不美，山星向星俱不得用，此即風水必須「形理兼察」之理。

　　第二期第11-13座為東南與西北對向，以及西南與東北對向。兩者大體情況與第一期之相同坐向單位一致，可參閱上文，不贅。

　　第三期分為17-22座，亦為東南與西北對向，以及西南與東北對向，不贅。

　　至於第23座及第23座A座向稍有不同，卻為兼出卦，即單位既位處兩卦之間。凡屬兼卦，須用替星。而用替星之盤雖有旺山旺向之例，然究屬夾雜他卦之氣，未能一卦純清，存在不少缺點，此二座即屬此例。

　　第四期名為御庭園，同樣分為兩種坐向，第25-28座為南北與東西對向，風水上為丁癸及乙辛向，與第二期7-10座相同；至於由第29座至33座A，則為東南與西北對向，大體情況跟第二期11-13座相同，二者均可參閱上文，在此不贅。

　　補充一點，上文雖謂不同期數相同坐向的大體情況一樣，始終僅屬粗論，礙於篇幅所限，恕難一一細談，唯可舉一例以見其餘。第二期7-10座及第四期29-33座A俱為南北與東西對向，飛星盤無異。唯第二期此四座位處海邊，風水上犯了「割腳水」之弊，愈住高層，割腳愈甚；第四期則位處內圍，不犯此禁，此其一；而大局上亦未必見水全吉，此又屬另一例。

　　此外，第二期處於海怡花園西端，海怡路有東旁彎過，呈反弓水型，風水上帶煞，而且一路直過；第四期則為海怡路及怡南路環繞，並有兩個三叉水口，排龍上較易排得吉龍，此其二。

　　由此可見，看風水須兼顧多項因素，有時為使讀者易於明白，僅以吉凶稱之，唯在吉凶之間，其實尚多條析縷述之理，未及一一細表。

優點

1. 雖然東北無山，但西南見海，並得南丫島作其兜收，外局財運不俗。

2. 整個屋苑唯一來路——鴨脷洲橋路「食正」當元旺氣，八運期間得利。

3. 實用面積八成，房間面積不算狹小，擺放睡床後，能夠留下「明堂」。

缺點

1. 海怡路環迴而過，僅在東端與怡南路接連，第一、第二及第三期大部份單位排得破軍龍，有欠理想。

2. 飛機則，部份單位缺角，氣運分佈不均，家宅上落較大。

3. 大門開門見窗，易犯洩氣之弊，聚財較難。

建議

1. 整體上，第四期御皇庭較佳，既無割腳之弊，亦較易排得吉龍。

2. 揀選臨海單位，反以低層為吉。

整體評分

評價3

地脈 3

坐向 3

間隔 2.5

外局 3.5

油尖旺區
港灣豪庭
填海地地氣稠濕
利商業多於民居

港灣豪庭

從風水的角度，並非所有土地都一樣，最起碼有原山地與填海地的分別。分別在於原土地為山形龍脈所在，地氣貫注，氣運一般綿長久遠，填海地原為河海之地，或本身為水道漁塘，後經泥土淤填，雖為土地，但濕淫之氣不變；前者由於地質穩固，較利人口聚居，後者泥土濕濡，利財祿，故利商業發展，香港大部份的大型屋苑，多建於填海地上，港灣豪庭也不例外。

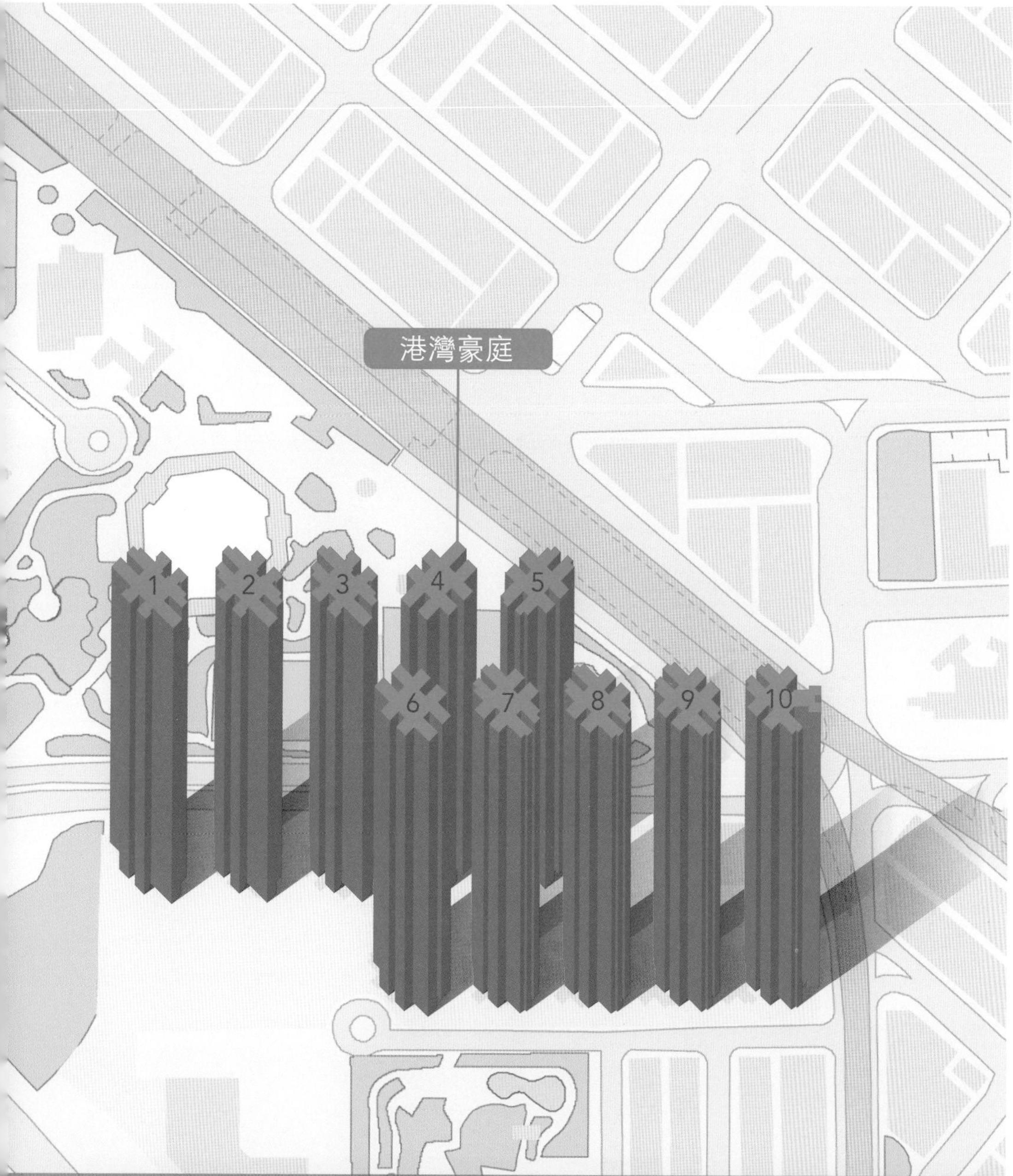

港灣豪庭

物業名稱	港灣豪庭	地址	油尖旺區大角咀福利街 8 號
發展商	恆基兆業 / 香港小輪	落成年份	2003 年
座數	10 座	單位數目	3520 個

背景

　　港灣豪庭所在地的大角咀，由於地形突出成尖咀型（見圖一），故名之大角咀。此區開發得甚早，19世紀80年代，黃埔船塢收購四海船塢（今埃華街附近）後，大角咀成為工業區，多為船廠工人聚居，到上世紀十年代，港府在此進行大規模填海工程，將小山填平，並發展成工業和住宅混合的社區（見圖二），由於地脈影響（詳情請參閱《建築師慧眼揀樓》〈深水埗區〉一節），一直發展不大，直至90年代發展新機場鐵路，須在大角咀區興建奧運站，又進行另一次填海工程，並有多個大型私人屋苑進駐，港灣豪庭即屬其中之一。

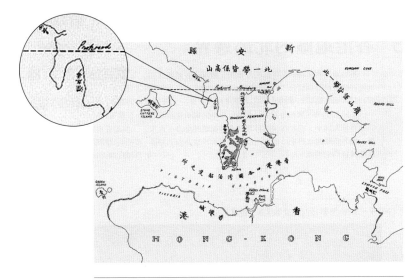

▲【圖一】香港開埠初年地圖，圖中上方虛線為界限街，線下突出的尖形角落即為大角咀。
▼【圖二】1970年尚未進行第二次填海的大角咀碼頭及海旁。

原土地與填海地的具體效應，可借蔣師曾寫下的歷史故事說明：

據明朝張瀚《松窗夢話》記載，明太祖朱元璋一統天下後，決意定鼎金陵，在南京鍾山建都，下詔國師劉伯溫（即傳說中《燒餅歌》作者）審定確實選址，劉伯溫受命定之。及後，朱元璋將選址一事告知皇后，皇后謂：「天下由汝自定，營建殿廷何取決於劉也？」（這個江山都是你打回來的，何以興建宮殿一事任由劉伯溫決定？）

朱元璋定神想想，皇后的話也有道理，於是連夜將劉伯溫的先前定下的椿柱移後。第二天一早召來劉伯溫，命其往選址處視察，劉伯溫一看，自知選址已經更改，莞爾道：「如此固好，但後世不免遷都耳。」（這樣當然不錯，但恐怕日後要另遷新都了。）

究竟，朱元璋和劉伯溫的選址有什麼分別，可參閱圖三：

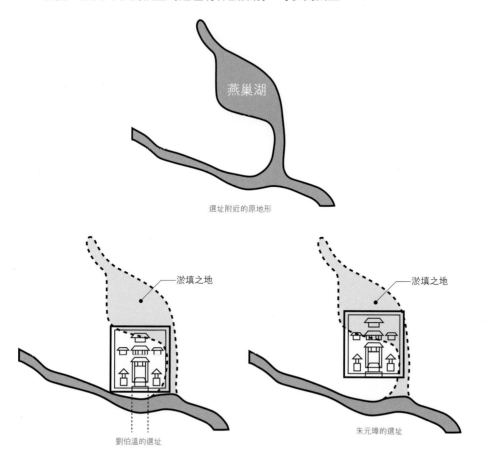

燕巢湖

選址附近的原地形

淤填之地

淤填之地

劉伯溫的選址

朱元璋的選址

【圖三】南京明皇城的選址

事實是，朱元璋當了三十年皇帝後駕崩，皇太子朱標早死，改傳位於皇太孫朱允炆，是為明惠帝，年號建文。其叔朱棣覬覦帝位，以「清君側，靖內難」名義起兵，進駐京師，明惠帝下落不明。朱棣稱帝，改號永樂，史稱「靖難之變」。由朱元璋於1368年定都南京，到明惠帝失祚，歷時僅34年。歷史亦果如劉伯溫所言。明成祖登極後，將明朝國都由南京遷至其任藩王時之據地——燕，即現時之北京一地。

這歷史一幕，說明了：

填海填湖等地為濕淫之地，水氣稠重，地基不穩，不利團結聚居，建都固然不宜，建宅本質亦不改。再看看今天的政府總部，建於填海地之添馬艦之上，施政攻訐四起，吉凶可思過半矣。

在《舊唐書方伎傳》中記載：「有黃州僧洪者善葬法，洪曰：客土無氣與地脈不連，譬身瘡痏，補他肉無益也。」（在黃州有一個僧人擅於下葬之法，他說：填海而來的土地與原土地地脈不連貫，就像身體長滿瘡痏，從別處補上皮肉也於事無補。）

當然，古今風水概念不同，古人以農立國，人丁愈旺，生產力愈強，自然希望大家族同住；現在小家庭十分普遍，並且視遷居為閒事耳。

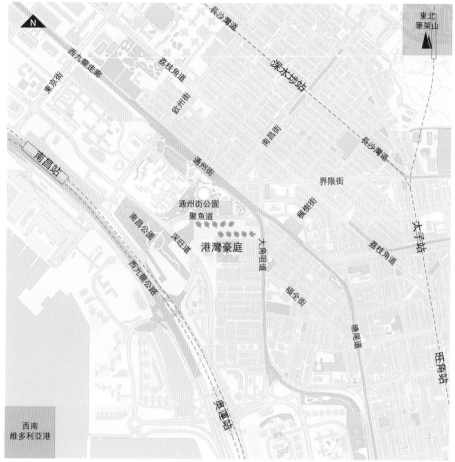

【圖四】港灣豪庭東北方有筆架山等連綿山巒，地勢高崇；西南面鄰近昂船洲海面，八運零正合局。

大局

　　港灣豪庭位於之大角咀以至奧運站一帶，東北面遠靠筆架山及獅子山山巒（見圖四），而由此方而來之眾多街道，包括南昌街及楓樹街等地，悉為東北與西南走向，既合正山，亦有東北來路；至於西南方，遠方雖為昂船洲對出的維多利亞港，零神有水，但按諸實地形勢，其鄰之兩座西九龍紀律部隊宿舍，以及君匯港第3、5、6座，均高達48層，較港灣豪庭更高，遠處尚有凱帆軒矗立（見圖五），除了近海的兩三座外，阻擋了港灣豪庭餘座西南面之零神方，故雖合局，財運始終略打折扣。

【圖五】可惜零神有部份海景遭毗鄰建築物所擋，力量未竟全功。

　　八運零正合局，事實上，不止港灣豪庭，其餘大角咀一帶之新樓，踏入八運亦有長足發展，市貌一新。

　　由此可見，風水並非一成不變。風水關乎形勢，周遭景物的分佈，尤其處身於時代急速發展的今天，大廈或拆或築，大路或建或改，對該區風水都會構成影響，倘不辨新貌，恆常持一呆法，恐怕難免處處碰壁。

總氣口關係重大　四神全為吉

　　港灣豪庭2003年中入伙，可作八運算。大部份為兩至四房單位，間隔四正，基座為4層高之商場。所有車輛及人流均從大角咀道轉入福利街入口進出（見圖六），故此方為港灣豪庭之總氣口，角色吃重，吉凶視乎所住單位與該總氣口構成的角度，以排龍論其吉凶，較難一概而論。

　　位處大單邊的樓宇，包括第1、5、6及10座，兩旁無靠，其實並不為吉，古人不取，此又與今人的概念不同。古人選宅，喜四神（前朱雀、後玄武、左青龍、右白虎）俱存，取其局面穩固齊全（詳情可參閱「粉嶺中心」一節），但港灣豪庭的以上各座，青龍白虎總會缺一，常見現象是助力不足，每每單打獨鬥，事倍而功半。

【圖六】所有進出港灣豪庭的車輛均經由大角咀道駛入福利街，故此路口為總氣口所在，吉凶須視乎單位與總氣口構成之角度判斷。

【圖七/圖八】雖犯所謂「槍煞」，唯港灣豪庭之例影響輕微，無須見之駭然。

此外，第8座C、D單位直望樂群道，第9座B、C單位則直望萬利街（見圖七、圖八），原犯「槍煞」，表面上又以第9座情況較差，此因萬利街直沖而來，幸而街道未算繁忙，港灣豪庭的基座亦較高，受「天星」之影響多於「地氣」；而樂群道則背第8座而去，宅運原易消退，亦因地基較高的緣故，此「槍煞」影響亦較小。然而，各位在選擇其他屋苑時，若其地基不高，甚或道路直沖樓宇大門，則影響較大，勿過份掉以輕心，宜多備忘。

港灣豪庭屋型「四正」（圖九），廳房皆無雜角，無「飛機則」之弊，此為其可取之處。

港灣豪庭屬八運樓，坐向上，所有單位悉為東南與西北對向，風水上稱為巽乾向；以及西南與東北對向，風水上稱為艮坤向。根據飛星盤，兩者吉凶至為懸殊，宜謹慎選擇，以東南與西北對向單位為首選。

先就巽乾向而言，八運大利，到山到向，主丁旺俱財。唯現已踏入八運中期，約10年後踏入九運，巽山乾向單位屬「入囚」，當然，港人視遷居平常事，屆時再覓新居，等閒之至。

至於艮坤向單位，八運上山下水，除非特殊佈置，否則皆主損丁破財，以屋後見大窗，採光度高者較佳。若將坐艮向坤及坐坤向艮比較，以後者較佳，蓋八運宜開東北門故。

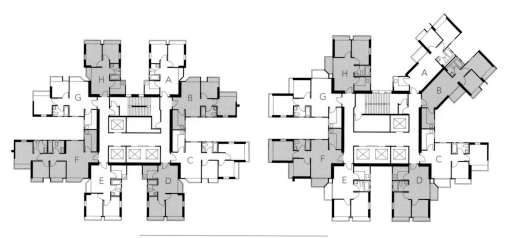

【圖九】港灣豪庭間隔四正，無缺角之弊，此為其優點。

優點

1. 正運零神俱在，丁財兩可。

2. 間隔四正，雖有部份單位缺角，但影響不大。

3. 東南與西北對向單位，八運大旺，唯僅多十年佳景。

缺點

1. 建於填海地上，地氣不足。

2. 細房房間狹小，擺放睡床後，無法留下空間作明堂之用（見圖十）。

3. 第10座與九龍殯儀館僅一街之隔，心理容易不安，有宗教信仰者則無妨。

【圖十】香港大部份單位狹小，港灣豪庭亦不例外，唯切勿因此睡在窗台之上，得不償失。

建議

1. 第一及第二座可直望西南方昂船洲海景者最佳。

2. 部份兩房單位，為典型眼鏡房設計，注意床頭的擺放，一般適宜同一方向。

3. 切勿因房間狹小，睡於窗台之上，避免陰陽失衡。

整體評分

👍👍👍 評價3

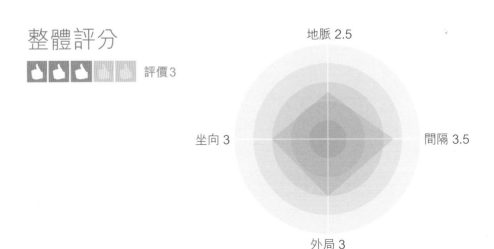

地脈 2.5

間隔 3.5

外局 3

坐向 3

深水埗區
美孚新邨
99 座老牌屋苑，
坐向相同，風水也相同乎？

美孚新邨

曾幾何時，寓居美孚新邨，是香港中產階層的標誌，有不少專業人士進駐，凹海凸海的大單位尤其搶手。時至今日，儘管樓齡已逾40年，美孚依然備受追捧，間隔見使、交通方便都是原因。從風水的角度，美孚新邨又怎樣評價？

隨著香港急速城市化，幹線網絡化，美孚的風水亦出現轉變，例如臨海單位變成公園景單位，風水上「割腳水」不再，反而多了樹木多了芊翠，缺點變成優點，其餘特點下文再談。

美孚新邨 第五期

美孚新邨 第六期

美孚新邨 第七期

美孚新邨 第四期

孚新邨 第一期

美孚新邨 第二期

美孚新邨 第三期

美孚新邨 第八期

物業名稱	美孚新邨	地區	深水埗區荔枝角
發展商	新世界發展 / 美孚石油	落成年份	1969 年至 1978 年
座數	99 座	單位數目	13149 個

背景

　　美孚新邨所在的荔枝角，原為海邊淺灘（見圖一），命名取象當地呈圓形的海角，像顆荔枝，故名荔枝角。上世紀20年代，美孚石油公司已經在當時的荔枝角灣進行填海，興建油庫，二戰期間，儲油設施曾遭日軍轟炸，倖未釀成大災難，及至60年代，發展商決定在美孚原址建設大型住宅，名為美孚新邨（見圖二），將油庫遷往青衣。

【圖一】荔枝角淺灘，前方道路為接駁市區的葵涌道。

【圖二】圖為最早落成的美孚新邨第一期，見海部份現已悉數填為陸地，右旁為西鐵美孚站及荔枝角公園，上方也是嶺南之風公園及三號幹線公路，並已跟昂船洲接壤。

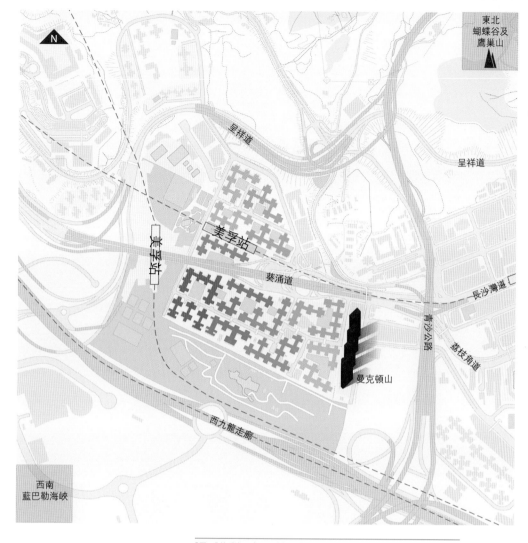

【圖三】美孚東北高，西南低，合八運正神零神要求，唯嫌無道路從正神直抵。

大局

　　美孚北方為金山南面落脈，東北面為蝴蝶谷及荔枝角醫院一帶，東面為荔枝角及長沙灣平地，南面及西面原為藍巴勒海峽，上世紀70年代填平後，成為貨櫃碼頭用地，並與昂船州接壤（見圖三）。

　　以現時八運而言，美孚東北面為蝴蝶谷及鷹巢山等高地，西及西北面則為荔景山路一帶，而西南面現已填平，遠境為藍巴勒海峽，合乎八運東北高、西南低的零正要求，堪稱合局。

　　雖然美孚新邨座數眾多，但除了第4期89-103單數座數，以及第8期114-132座外，餘皆為同一座向。

　　美孚屬六運樓（1964-1984），如讀者曾於七運或八運進行大裝修，則請參閱索引部份，按圖索驥。

坐向相向　吉凶各異

　　雖然美孚新邨絕大部份單位的坐向一樣，不外是西南與東北對向，以及西北與東南對向，但絕不代表各單位的風水都相同，原因包括：

（一）單位光暗有別

　　美孚新邨內各單位的受光程度差別極大。由於屋苑規模龐大，有部份中低層單位望向內園景，日光被其他樓宇阻隔，縱在白晝，室內卻長期幽暗，有部份單位則望向開揚公園景（過往為昂船州海景），光線充沛，風水上，兩者分別極大。先就前者而言，美孚新邨的第2期及第3期內園單位（見圖四），即在吉利徑兩旁，光線昏暗，從堪輿的角度，單位陽剛不足，陰氣滋長，影響所及，宅中人精神容易不振，而且由於單位間隔改動自由，筆者曾見過一個大廳沒有窗戶的單位，更加是所謂「三陽不照」，自然光絕跡，白天也要開燈，不講風水，感覺也不爽。相反，近荔枝角公園、「嶺南之風」一帶，包括第1、2、3、8期「凸海」的單位（見圖五），以及西北面第5期面向西鐵站等單位，則日光適中，陰陽平衡，亦無「西斜」之弊，對健康無不利，無怪乎這些單位格外搶手，特別是近公園「凸海」一帶，更是奇貨可居，

【圖四】美孚新邨多達99座，部份樓宇低層難免被遮擋日光，長年昏暗，陰盛陽衰。

【圖五】凸海單位異常搶手，往日海旁現為荔枝角公園，雖無海景，卻免「割腳水」之弊。

據地產經紀透露，這些單位固然少人放盤，縱有亦一出即被延攬，罕貴可知。

　　古人早已發現居所的光暗必須平衡，尤忌暗淡無光。《陽宅十書》：「凡宅居，滋潤光澤陽氣者吉，乾燥無潤澤凶。」可見即使兩宅坐向相向，吉凶還涉及其他因素，一室之光暗，風水上自有考量。

（二）入口潔骯有別

　　美孚新邨多達萬三戶，居住人口眾多，故於村內自設街市，部份樓宇無可避免與之毗鄰，衛生環境受到影響。街市設於吉利徑及第1期樓下，面向葵涌道荔枝角天橋底（見圖六）。風水上，古人一般避免擇居街市附近，因為市集畢竟是劏雞殺鴨之地，充滿殺生氣息，而且髒穢四溢，衛生情況容易欠佳，家宅宜保持距離，讀者選宅時應多備忘。幸而美孚新邨部份期數設有平台，一些

【圖六】大廈入口旁即為街市，究嫌污穢四溢，宜選平台進出。

臨近街市的樓宇可揀選在平台進出，聊作權宜之用。

　　相反，若樓宇大門門前寬敞，有廣闊明堂作納氣之用，而旁無駁雜之氣，只要坐向無差，可作吉論。以美孚新邨為例，面向荔枝角公園當然稱善，蘭秀道一帶的樓宇亦算合格。

（三）聲音靜噪有別

　　此點無須贅言，單位噪音大，評分自然大打折扣！一段葵涌道荔枝角段，將美孚新邨裁成南北兩面。由於葵涌道交通異常繁忙，幾乎由早到晚川流不息，車輛行駛的聲音響徹公路兩旁（見圖七），於是第1、2、4、7期面向葵涌道的單位首當其衝，居民耳朵受罪，日夜備受噪音困擾。而在風水上，這種情況名叫「聲煞」，最常見是當單位鄰近工廠，或於前方起樓，進行打樁工程時，

【圖七】公路旁「聲煞」問題嚴重，葵涌道為主要幹線，影響尤大。

往往發出震耳欲聾的聲音，令人煩躁不安，然而，打樁畢竟有時限，工廠亦會於晚上停工，可面對繁囂的公路卻無法可施。在古代，只有方外之人才不避「聲煞」，視淙淙流水之聲為鍛練，可我們一介凡人，居所當以寧謐靜幽，日常閒處，晚上酣睡為宜，故美孚新邨葵涌道之「聲煞」不可不知。

【圖八】美荔道上車聲不絕，亦夠煩人。

而面向美荔道的第六期單位，大門前車聲不絕（見圖八），雖無葵涌道喧鬧，亦夠煩人。

此外，美孚新邨有一個特點，單位內沒有主力牆，令間隔相當靈活，可改動的自由度甚大。就筆者所見，同一座同一單位，層數不同，間隔便有出入。有人將飯廳改成房間，反之亦大有人在；有人將廁門改動，擴闊走廊空間，擺放書桌和儲物櫃，情況不一而足。

從術師的角度，這點其實有利，至少可以作出改動，如何改動水路、拆牆安門也可考慮，力量遠大於一些小擺設、小裝飾。僅靠擺放法器等物，不免流於捨本逐末，心理作用大於一切。

【圖九】曼克頓山與第八座近如「芳鄰」，然而高矮懸殊，「巉星」壓頂，難作吉論。

關於美孚新邨，有一點需要補充。美孚八期部份樓宇，與高達42層的曼克頓山毗鄰，高低立見，形勢緊迫（見圖九），仿如泰山壓頂，姑勿論室內飛星如何，俱當不吉論。《天元五歌》云：「抬頭咫尺巍峨起，泰山壓倒有何功？」

其實不獨美孚新邨如此，讀者在其餘各區挑選住宅，亦可以此為據，小心選擇。

坐向優劣

美孚絕大部份單位為東南與西北對向，風水上為辰戌向，以及西南與東北對向，風水上為未丑向。

先就辰戌向而言，特別是坐辰向戌（坐東南向西北）的單位，坐星到山，唯六運已退氣，而且氣運最短，七運即「入囚」，尚幸現已踏入八運，當元令星臨門，不凶反吉，《玄機賦》：「一貴當權，諸凶攝服。」

然而，凡向西北之單位，由於飛星規律，皆難逃「入囚」命運，現距九運僅約十年，除非天心改運，屆時又吉凶互換了。

坐戌向辰（坐西北向東南）的單位，雙星到山，可是亦已退氣，雖然氣運較長，卻無當元令星臨門，較坐辰向戌者遜色。

至於未丑向（西南與東北對向）的單位，皆為上山下水，丁財不旺。唯未丑於八運大旺，原主旺丁旺財，唯若求添丁，則恐較費事，蓋未丑為四墓之一（辰戌亦然），宜靜宜藏，不利動孕胎養。當然，若只望家宅平安，財運順遂，應易成事。

當然，上文只屬通論，具體效應還須考慮其他因素，例如宅中人年命、以及室內裝修是否配合等，加以詳細推斷，才屬確論。

至於小部份不同座向單位，上文提及的第4期89-103單數座數，以及第8期114-132座，則為正南北與東西向，茲簡述如下：

正南北對向單位，風水上為丁癸向，於六運皆為雙星到山或雙星到向之局，意即旺丁或者旺財，只得其一，踏入八運，亦已退氣，唯始終屋形四正，飛星亦無特別劣配，屬平穩之局。

正東西對向的單位，風水上為乙辛向，六運「上山下水」，而坐東向西之單位，八運「入囚」，應旺不旺，屋運打了折扣。

優點

1. 東北方為荔枝角山高地，西南方為昂船洲海面，零正合局。

2. 房間間隔雖不一，但不設窗台，擺放睡床後普遍容下明堂，有利聚財。

3. 間隔可以自由改動，設計可以更具彈性，尤利風水佈局。

缺點

1. 美孚前身為美孚油庫，部份土地填海而來，地氣濕稠，人丁略打折扣。

2. 單位有鄰近公路、街市，喧鬧過甚，亦有日光暗淡，俱不作吉論。

3. 第8期部份樓宇毗鄰於巍峨的曼克頓山之下，受制甚大。

建議

1. 美孚間隔自由，切勿將廚房置子單位中央，造成「火燒心」，開放式廚房亦不適宜。

2. 時值八運，選擇單位以東北開門最佳，得乘當元旺氣。

整體評分

評價3

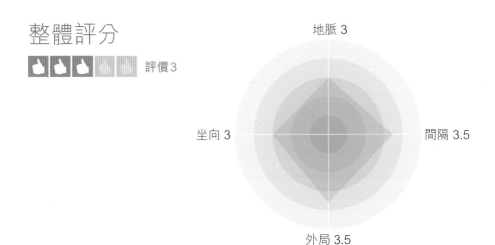

地脈 3

間隔 3.5

外局 3.5

坐向 3

九龍城區

黃埔花園

嶠星可吉可凶，
視乎元運與方位

黃埔花園

風水上，高樓、高台、高殿稱為「嶠星」。關於「嶠星」的作用，可引述以下風水典故說明。據載，廣州地薄，富無三代，歷代朝中做大官者鳳毛麟角，於是有人問計於原籍廣東的明代堪輿名師李默齋。他建議在廣州東南方之琶州建一高塔（見圖一），樓高七層，取其於巽宮文曲方動氣。此後，廣東果漸多人高中，據筆者統計，自隋唐開科取士，迄至元代，廣東中狀元者僅二人，唯僅明清兩朝，狀元多達四人，尚未計及廣西一地。嶠星之用，信焉？然而，嶠星的安置，亟視元運與所在方位，遇吉固吉，遇凶亦凶，座落於黃埔花園東側的海名軒，正是該屋苑之嶠星。

【圖一】琶洲塔原貌，七層設計饒具深意，取其一四七互通之意。香港舊日之屏山塔，其意亦同，唯後來毀於風災，重建後僅高三層。

黃埔花園 第十期
黃埔花園 第十一期
黃埔花園 第十二期
黃埔花園 第二期
黃埔花園 第一期
黃埔花園 第二期
黃埔花園 第四期
黃埔花園 第九期
黃埔花園 第五期
黃埔花園 第七期

物業名稱	黃埔花園	**地區**	九龍城區紅磡
發展商	和記黃埔	**落成年份**	1985 年至 1991 年
座數	88 座	**單位數目**	10486 個

背景

　　20世初的紅磡，當時是三大企業的集中地，包括黃埔船塢（見圖二）、青洲英坭廠及中華電力，除建有工人宿舍外，一般居民不多。今日鶴園街及大環山對出的大片平地，其實是填海而來的土地，用以配合當時興建的九廣鐵路路軌及鐵路維修廠房，今日的漆咸道正是由此而來。及至70年代，黃埔與和記合併後，業務改以地產為主，船塢遷拆（見圖三），原來紅磡的用地改建成黃埔唐樓、黃埔新邨和黃埔花園、海逸豪園等住宅。

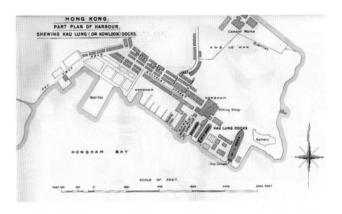

【圖二】黃埔船塢原址，規模龐大，其時香港造船業技術亞洲首屈一指，紅磡得乘地利，故設船塢於此。

【圖三】七十年代尚未遷拆前之黃埔船塢，及後建成黃埔花園及海逸豪園等大型屋苑。

佛光街
佛光道北
民裕街
紅磡道
無湖街
和黃公園
勝利土南街
載亞街
船興街
德民街
德康街
環海街
必嘉街
紅磡道
黃埔廣場
德康街
紅磡南道
德定街
船景街
德安街
環海街
船景街
德豐街
環海街
黃埔東選督府
海名軒
香港體育館
紅磡渡輪碼頭

【圖四】黃埔花園外局，東北高而西南低，八運零正合局，丁財俱優。

大局

　　黃埔花園東北面為和黃公園及紅磡道以北一帶，和黃公園建於山頭之上，故此處地勢較高，合乎八運止神的要求，西北面則為何文田山及京士柏等高地，亦合局；而黃埔花園的東面、南面以至西南面皆被維港包圍，八運零神也算合格（見圖四），故整體格局堪稱滿意。

　　黃埔花園規模龐大，覆蓋地段廣闊，悉數建於平整的填海地上，橫跨紅磡道、船景街、德豐街及環海街等東北與西南走向的街道，得通八運當元旺氣，無怪乎黃埔花園市況興旺，唯亦嫌建於填海地上，地氣稠濕，欠缺安穩，不利家中人丁聚居。

嶠星高聳　可吉可凶

看一宅的風水，除了觀察龍、砂、水、穴等外局形勢，以及計算元運、坐向和宅主年運等理氣因素外，還有內外六事等事項須要注意。所謂六事，並非指六件事，而是與房子有關的六種陳設，而六事亦只是一個約數，並非指定六項。以古代而言，內六事指門、路、灶、井、廁所和碓磨等，外六事指來去水、山峰、鄰屋、池塘、廟宇、牌坊、塔樓、嶠星以及橋樑等等，可泛指屋外一切肉眼可見的形象。時至今日，隨著時代進步，內外六事的定義當然有所演進，與古代不盡相同，為免偏離題旨，茲不一一具列，唯嶠星一事，恰可借黃埔花園一例多加說明。

嶠星一詞，見於明末清初風水大師蔣大鴻《天元五歌》：「矗矗高高名嶠星，樓台殿閣亦同評，或在身邊或遙應，能回八氣到家庭，嶠壓旺方能受蔭，凶方嶠壓不安寧。」

所謂嶠星，就是巍峨聳峙之物，高樓、高台、高塔等悉在此列，能將屋外四面八方之氣迴轉，其氣可吉可凶，視乎當時元運與屋向而定，不可一概而論。

閣下或者以為，今日香港高樓處處，豈不是四周都是嶠星？那嶠星又如何區別？

【圖五】舊區重建後，往往出現一些摩天大廈，與旁之舊樓構成懸殊對象，造成嶠星的出現，其吉凶須視方位而定。

【圖六】海名軒跟毗鄰黃埔花園對比強烈，七運恰在其東，加強五黃之氣，幸其建於七運末期，不久踏入八運，優劣另有考量。

　　其實所謂嶠星，是一種相對的高低關係。古代房屋都是平房，若有殿閣樓高三層，在眾矮獨高下，嶠星便發揮作用。同理，在香港一些舊區，例如位於深水埗欽州街的海峰（Vista）、荃灣碼頭的如心廣場（Nina Tower）等等（見圖五），嶠星顯得格外鶴立雞群，而位於黃埔花園東鄰之海名軒，高逾57層加上基座特高，相對於黃埔花園樓高僅15層下，對比懸殊，正是黃埔花園的嶠星（見圖六），仿如巨塔矗立於海傍，其作用不得不予以重視。

　　海名軒落成於2001年，屬七運樓。七運中，代表廉貞大煞的五黃飛臨東方震宮，這代表如果某宅的東方有高樓高塔，形如嶠星，將會加強此方煞旱的力量，凶者倍見其凶，常見現象是家中各樣麻煩較多，如遇上排龍及飛星不吉，影響更大，尤以健康為甚。幸而海名軒外為海水，可化其惡，加上現為八運，五黃不在此方，改而六白武曲星飛到東方，其本質較五黃為吉，而五黃廉貞星飛到西南方，該處僅為黃埔碼頭一帶，並無高樓高塔，因此黃埔花園八運整體上氣運得以轉佳。

街道短促　有利排龍

此外，黃埔花園另一稱善之處，就是雖然規模龐大，幸而道路設計短促，十字路口密佈屋苑各個角落（見圖七），風水上，十字路口稱之為「三叉水」，「三叉水」愈多，排得吉龍的機會愈大。孤例不立，放眼香港，一些旺區諸如莊士敦道以南之灣仔、東角道一段之銅鑼灣、近旺角一段之彌敦道，以至青山公路兩旁之元朗市中心，街道之間的距離極短，故而造就了該區之興旺，黃埔花園亦得蒙其利。若再加以細分，紅磡道及東旁內街的船景街，俱為東北與西南走向，合乎八運當元之氣，故位處兩旁之樓宇氣運上較餘座為佳。

【圖七】十字路口密佈，風水上有利，現今之新市鎮卻反其道而行，概屬大型商場，無論日夜，皆仿如 sleeping city，毫不熱鬧興旺。

當然，黃埔花園亦有其瑕疵，除建於填海地上，各座屋形間隔均採用了「飛機則」設計（見圖八），不若四正則之平穩。「飛機則」的缺點，是飛星分佈失衡，納氣不均，而且開門見窗，犯風水上「穿射」之弊，對宅運始終有壞影響。

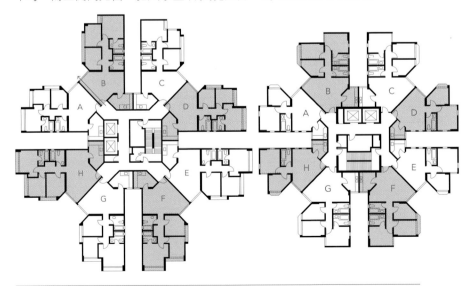

【圖八】「飛機則」設計，往往開門見窗，而且納氣不均，宅運一般欠平穩，可在香港十分常見，難怪我們視搬家為閒事。

坐向優劣

儘管黃埔花園樓宇林立，但單位不離三種坐向，可綜述如下：

第一期金柏苑、第二期錦桃苑、第三期翠楊苑、第四期棕櫚苑、第五期青樺苑、第七期紅棉苑、第十一期紫荊苑及第十二期銀竹苑均為同一坐向，南北對向及東西對向。

南北對向單位，風水上為壬丙向，七運雙星到山或雙星到向，原主旺丁或旺財，可得其一，唯開門見窗，為穿為洩，力量需打折扣。

東西對向單位，風水上為甲庚向，七運上山下水，損丁破財，兼犯「伏吟」，主宅運理氣不通，飛星上為劣配。

第九期百合苑，共有十座，第1及第5座相同坐向，為東南和西北對向，以及西南與東北對向。先就前者而言，風水上為辰戌向，七運「到山到向」，主丁財俱旺，唯由於屋型呈不規則狀，納氣不純，宅運始終有損，而且八運「入囚」。

而西南與東北對向之單位，風水上為丑未向，七運雙星到山或雙星到向，主旺丁或旺財，亦僅可得一，未為全美，其中以坐西南向東北（坐未向丑）者較佳。

百合苑其他各座，情況較為複雜，雖為東西對向和南北對向，但以風水上考量，單位坐向為兼線，即坐向介乎廿四山中兩山之間，為甲庚兼寅申和壬丙兼巳亥，納氣不純，各座更為兼出卦，介乎兩卦之間，其惡更大。凡兼線者，起盤須用替星，坐東向西之單位，山星「伏吟」；坐西向東之單位，向星伏吟，一損丁，一損財；至於南北對向之單位（壬丙兼巳亥），坐北向南者七星到向，七運當旺，八運退氣；坐南向北者，雙六到向，八運退氣更甚，二者俱打折扣。

第十期綠榕苑，單位坐向為東北與西南對向，以及東南與西北對向。先就前者而言，風水上為寅申向，七運雙星到向或雙星到山，主財丁只可得一；至於東南與西北對向之單位，風水上為巳亥向，若單位坐東南向西北（巳山亥向），既為「上山下水」，亦犯「入囚」，八運應旺不旺，且為「連茹卦」，株連全屋；至於坐西北向東南單位，雖無「入囚」，餘者則一，亦不為美。

優點

1. 東北有和記花園高地，西南面望向維港、正神零神俱合局，零神並且看不見缺口，得風水上之「兜收」，可聚財。

2. 街道短促，十字路口眾多，有利排得吉龍。

3. 屋苑內以東北及西南走向為主，得乘八運當元旺氣。

缺點

1. 原址為填海而來的黃埔船塢，地氣稠濕，利財祿不利人丁。

2. 屋型為「飛機則」設計，鑽石廳，飛星分佈不均，宅運難免要打折扣。

3. 部份單位狹小，擺放睡床後，不容易留下空間作明堂之用。

建議

1. 選擇十字路口旁的單位，排得右弼吉龍的機會較大。

2. 選擇東北與西南走向旁的單位，得乘當元旺氣。

整體評分

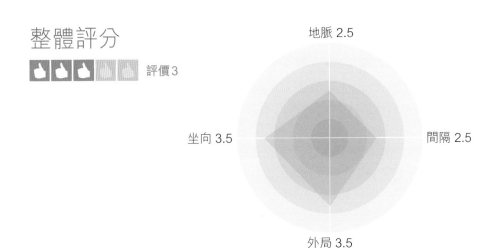

評價3

地脈 2.5

坐向 3.5

間隔 2.5

外局 3.5

黃大仙區

星河明居

來龍利陰多於利陽，
八運合局亦打折扣

星河明居

現代人看風水，通常遷入新址後，才請術師上門指點，但往往由於或這或那的原因，不能遷拆改動，風水發揮的空間其實十分有限。這情況和古代迴然不同。

傳統的做法，是古人擇地建宅之前，先考衡大局，合之始論定向，然後建宅入住。一些經典風水書籍，關乎大局形勢的擷萃，諸如「撼龍經」以及「地理人子須知」等，載之甚詳。

房屋既論坐向，亦論外圍形勢，道理其實顯淺易明。風水上，有四正及四隅24個山向，加上兼線（即坐向介乎兩個山向之間），飛星盤亦僅約數十個，若吉凶悉以此為據，判斷非此即彼，豈非到處都一樣？星河明居就是要探究形勢的例子。

星河明居

E

D

C

B

A

物業名稱 星河明居		**地址**	黃大仙區鑽石山龍蟠街 3 號
發展商 會德豐 / 九龍倉 / 新亞置業		**落成年份**	1998 年
座數 5 座		**單位數目**	1684 個

背景

鑽石山原名象鼻山，與象頭山及象蹄嶺於飛鵝山以西迤邐而立。取名鑽石山，乃因山上一堆堆的巉巖岩石，破碎分佈，岩層中摻雜透明石晶，如鑽石閃爍，中國人愛講意頭，把官蕩說成官塘，掃墓坪說成秀茂坪，老虎岩說成樂富，所以岩石也說成鑽石，稱之為鑽石山。

風水上，山頭岩石外露視之為煞，鑽石山正是帶煞之山。凡帶煞之地，利陰多於利陽，往往化煞為道觀佛堂等陰物，故於鑽石山腳，是佛堂志蓮淨苑所在，而於鑽石山山麓上，置有殯儀館、靈灰安置所及仰念堂等。尚未拆卸前之大磡村，正位於鑽石山前低地（磡與坎同音，八卦中坎卦為險為陷，故大磡村實為大坎村），以前是一兩層高的木屋和寮屋區（見圖一），生活較為困苦，正是此應。

【圖一】七十年代末期鑽石山前之寮屋區，由於鑽石山山頭巉巖，風水上帶煞，影響所及，一般民居亦較困苦。

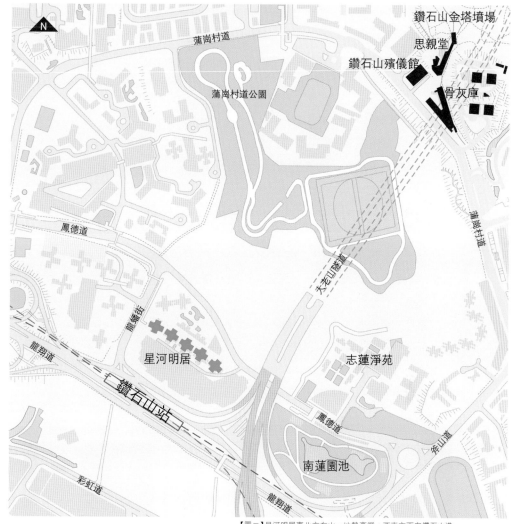

【圖二】星河明居東方有山，地勢高聳；西南方面向鑽石山港鐵站及大磡村舊址，形局低陷，八運零正本合局，唯嫌來龍本質帶煞。

大局

星河明居（Galaxia）位於九龍黃大仙區鑽石山龍蟠街，建於港鐵鑽石山站上蓋，基座為荷里活廣場（Hollywood Plaza）。

星河明居兩旁及背後皆為山（見圖二），背靠東北面的鑽石山，左旁為大老山隧道，西面為居屋龍蟠苑，面南面為港鐵鑽石山站，東及東南面為志蓮淨苑及南蓮園池。

八運東北宜有正山，西及西北方亦宜有山，此為八運之正神，星河明居正可合度；西南方則宜有水，形勢上此方恰為鑽石山港鐵站，每日列車早晚往來，如水之流動，唯當然以見真水最佳。再前方為前大磡村空地，將來景觀或有變數，如建樓層極高之大廈，則對星河明居的風水產生不良影響。若以現狀觀之，星河明居亦算零正合局，主旺丁旺財。

來龍決定地運　同向不同斷

　　然而，星河明居「瑜不掩瑕」。其東北來龍玄武山，雖有鑽石山為正山，山上卻是鑽石山殯儀館等一列葬場（見圖三），來氣陰盛陽衰，山腳青龍位則為志蓮淨苑（見圖四），而且佔地不少。風水上，殯儀館為陰物，寺院為方外之所，皆宜藏宜墓靜，生氣不足，陽宅居於此地，反易陰陽失衡，兩面不討好。

　　各位不妨細想，名聞中外的名剎古寺（見圖五），哪間不是藏身深山之中，千山鳥飛絕，萬徑人跡滅？此因非如此不足靜藏，可以潛心修道。陽宅與之毗鄰，如何不受影響？若單論屋向，星河明居部份單位其實可取，但所處的地域與他宅不同，效應亦有分別。

　　常見的現象是家中人丁不聚，加上寺觀等方外之所，多住孤寡之人，影響所及，單身者亦難求偶。風水須看大局，不可不察乎？

　　就以Ａ座為例，坐東北向西南的單位，雙星到山，原主旺丁，但會由於地氣宜靜宜藏的緣故，旺丁亦會打折扣，相對於寶翠園第三座相同座向的單位，「人氣」自會有所不如。

【圖三】殯儀館和仰念堂陰物結集，一般民居難避影響。

【圖四】志蓮淨苑位處毗鄰，足證該地利寺觀多於陽居。

【圖五】峨嵋山萬仞千丈，陡峭險峻，人跡罕至，方外之人始可潛心靜修。

光暗大小均須得宜

值得一提的是，星河明居A-E座頂樓52及53樓為複式單位，間隔上除與其餘各層略有不同外，整個單位外牆悉為落地玻璃的設計，表面上可藉置身最高層之便，「做個上等人」，毫無阻隔飽覽開揚景色，殊不知此舉正犯了陰陽失衡之弊。風水講求藏風聚水，陰陽平衡。若單位四面環窗，日光長年照耀，必然亢陽太甚，最常見的效應是沒法好好安寢，天甫光便醒來，精神不振，而且陰蔭難長，陰為祿蔭，家中聚財亦較難。

此外，亦千萬別以為單位愈大，景色愈開揚，風水便會愈好。各位可曾到過紫禁城參觀養心殿內皇帝的寢室（見圖六）？其大小極其量與時下一般大宅主人套房相約，不會大若籃球場。天下至尊至極的皇帝，率土之濱莫非皇土，臥室要建多大都不是問題，何以僅小約百呎之地，與平民百姓無異？原因正是房太大窗太寬皆難以聚氣，宅氣易洩易散，於宅主無益。

【圖六】養心殿一覽，可見面積不大，如此方可雍聚。

其實家宅不宜過大，當然過小亦不適宜。若要給予一個客觀標準，假如是二人家庭，宅寬約一千呎便算適當。無奈時人喜以豪宅自居，愈大始愈覺有氣派，面子悠關，室寬人小亦閒事耳。

此外，筆者觀察當天，星河明居前的地盤（前大磡村舊址，還記得詠藜園舊址的擔擔麵嗎？）現正施工，風水上犯了動土大煞，對健康尤其不利，整體評分又打折扣。

整體而言，星河明居也是吉凶參半，大局雖合零正，來龍卻不盡如人意，坐向亦納雜，這也是香港屋苑常見的現象，無怪乎大富大貴者少，瑕瑜互見的中產最多。

坐向優劣

一般一字排開的各樓宇，以排列於中間的樓宇為佳，蓋兼得青龍白虎故，得助力較大。星河明居一梯八伙，A座及E座坐向各異，而B、C及D座則相同。

A座單向分為東南與西北對向，風水上為乾巽向；以及西南與東北對向，風水上為艮申向。

先就坐東南向西北的單位而言，七運坐巽向乾，既犯「上山下水」，亦為「入囚」，丁財俱損，更是「連茹卦」，全盤飛星劣配，為各座中風水較差；若坐西北向東南（坐乾向巽），雖無「入囚」，其他毛病依然，仍不足取。

至於坐西南向東北的單位單位，雙星到向，主旺財；坐東北向西南的單位，七運坐艮向坤，雙星到山，主旺丁。丁財俱亦僅可得一，且屋形不均，未可全吉。

B、C及D座坐向一致，雖然跟A座一樣，也是東南與西北對向，以及西南與東北對向，但角度有所偏差，風水上改為辰戌向和未丑向。先就東南與西北對向（辰戌向）單位而言，飛星挨排與乾巽向不一樣，雖於七運到山到向，主旺丁財，亦非「連茹卦」，原主吉利。唯踏入八運，卻仍難改「入囚」毛病，應旺不旺；坐戌向辰單位情況大致相同。這是基於飛星規律，坐東南向西北單位的結構性問題，先天氣運短促，唯現代人可能不以為意，得二十年順遂已算上上大吉，蓋視搬遷等閒耳。

至於西南與東北對向（未丑向）單位，七運為雙星到山或雙星到向，主旺丁或旺財，亦僅可得一。唯以坐未向丑（坐西南向東北）單位較佳，始終現為八運，宜在東北開門（丑門），廣納旺氣。

E座單位整體上也是東南與西北對向，以及西南與東北對向。但情況較複雜。其坐向兼納兩山之氣，且為兼出卦，即座向介乎兩卦之間，飛星須用替星。須知房屋門向主納氣，以一卦純清為吉，不宜偏雜，兼出卦即犯此禁。

先就東南與西北對向單位而言，得出辰戌兼乙辛，中宮「伏吟」，門前飛星退氣，評價不高。

而西南與東北對向單位，得出未丑兼丁癸，雖無「伏吟」，卻是五黃臨門，當元令星亦「下水」，較前者更不佳。

概括而言，星河明居一字排開，但五座單位座向略有不同，不可一概而論。

優點

1. 建於原山地上，附合傳統擇地建宅的要求，地氣較填海地為佳。

2. 東北有山，西南有港鐵經過，零正勉強合局。

缺點

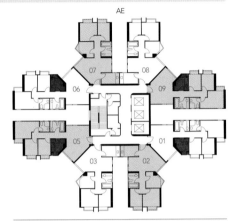

1. 來龍宜靜宜藏，陽宅居之稍為不利，生氣不足。

2. 01、05、06、09單位為「火燒心」設計（見圖七），對健康嫌不利，詳情請參閱「綠楊新邨」一章；主人套房洗手間正對睡床，對健康亦有影響。

3. 部份單位狹小，擺放睡床後，不容易留下空間作明堂之用。

【圖七】部份單位廚房設計在中央，風水上稱為火燒心，對宅中人脾性及健康俱嫌不利。

建議

1. 避免選擇「火燒心」設計的單位，避免影響宅中人脾性以至健康。

2. 如果宅中人數不多，可拆除鄰房，將兩房打通，留作床尾明堂，有利聚財。

整體評分

評價2.5

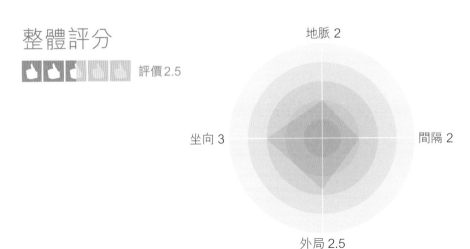

地脈 2

坐向 3

間隔 2

外局 2.5

觀塘區

麗港城

開門見窗為穿，
納氣不能雍聚，
積財較難

麗港城

香港寸金尺土，一般住宅普遍狹小，發展商為求令單位感覺開揚，增加
賣樓勝算，紛紛採用開門見窗的設計，好讓顧客打開大門後，窗外景緻
馬上映入眼簾，讓空間感彷似大增，連增設玄關都嫌「嘥位」，算盡計
盡。殊不知這種設計，犯了風水上「穿射」之弊，麗港城正是一例。

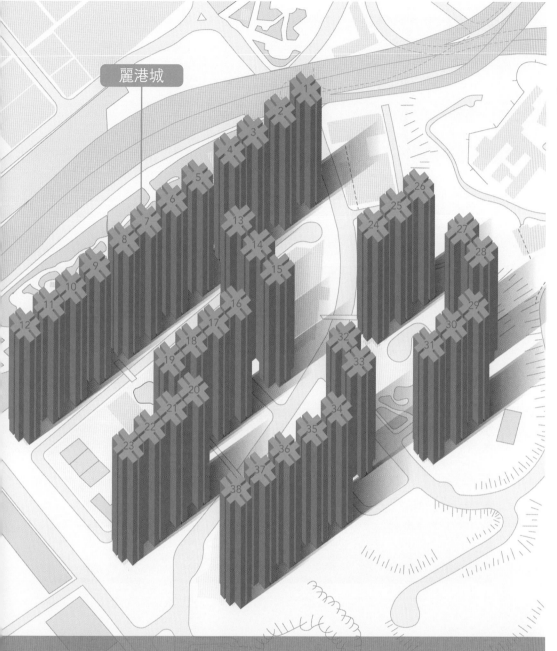

麗港城

物業名稱	麗港城	地址	觀塘區晒草灣
發展商	長江實業 / 蜆殼石油 / 和記黃埔地產	落成年份	1990 年至 1994 年
座數	38 座	單位數目	8072 個

背景

　　麗港城所在的觀塘區，原名官蕩及官塘，取其內灣供官府停泊船隻（水師塘）之意。早於上世紀30年代已經開始填海，其時有一個不雅的名稱——「垃圾灣」，此因該地用棄置之磚瓦木石及其他各區收集而來的垃圾填海，故名之。40年代亞細亞火油公司在茶菓嶺附近購置地皮（近麗港城一帶），興建油庫（見圖一）。及至70年代港府繼續在觀塘東海旁填海，地點即今日麗港城一帶，麗港城的前身正是觀塘灣一部份。

【圖一】五十年代照片，圖右方油庫，正是麗港城前身亞細亞火油公司所在，圖中之觀塘工業區剛具雛形，遠方半山尚未開發成民居。

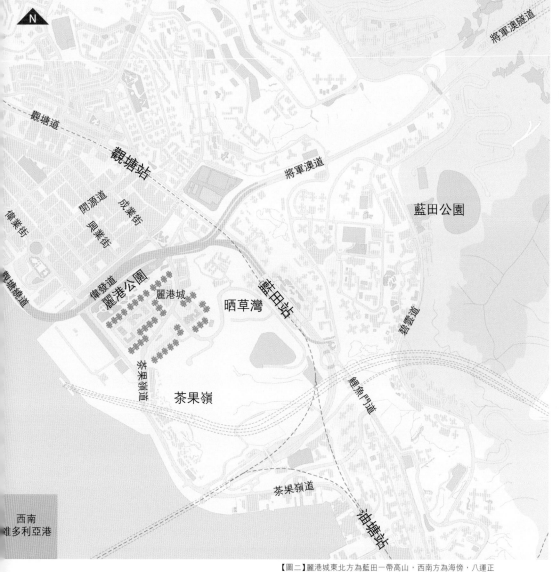

【圖二】麗港城東北方為藍田一帶高山，西南方為海傍，八運正神零神俱在，外局合格。

大局

　　麗港城東北面為藍田半山，東面為晒草灣，西面為觀塘工業區一帶及觀塘繞道，連接東北面而來的將軍澳隧道，西南面正對維多利亞港，遙望港島東岸（見圖二）。麗港城大局與觀塘相似，八運正神與零神皆合局，可算及格，唯嫌建於填海地上，地氣稠濕，不及原山地穩固。

　　值得一提的是，儘管東北方為八運當元旺氣，將軍澳隧道亦從此方而來，然而並無道路直抵麗港城，而是飽經一番轉折，先至觀塘工業區，再三兩拐彎才到麗港城，氣運冉退淨盡，麗港城未受神益。

開門見窗為穿

　　麗港城的設計，是香港最常見之形式之一。一梯八伙，開門見窗鑽石廳，設有兩房及三房。這種設計，風水上稱為「穿射」。

　　解釋何謂「穿射」之前，須先以傳統中國建築設計為基礎，作一範例。

　　北京的四合院，進入大門後，先有一度門廳，再另置「中門」（見圖三），又稱「屏門」，門後才是天井，天井後是大廳，四合院後方則為垂花門，門後即為房間，垂花門簷前種有垂花，作用是告知客人到此止步，不能妄撞失禮。上文提及的中門，就是為避「穿堂風」之用。原因是當打開大門後，若遇上狂風，而屋後正有窗戶或後門開啟，便會所謂「扯風」，穿越中堂，吹倒雜物，造成財物損失，甚或人丁損傷。大門後另設中門，可避免狂風屋內亂竄，此其一，同時可避免打開大門後，遭街外人一眼望穿全宅，隱私得以保存，此其二。

　　這種風水上的「穿射」演化到今天，應於開門見窗的住宅，道理顯淺易明。大門打開後，若恰巧遇上狂風，大廳又沒有關上窗戶，馬上出現扯風效應，情況與上述之穿堂風一樣。

　　至於克應，常見的現象是財來財去，此因這種設計大門直通窗外，家宅未能聚氣。大家不妨想像，一個「穿窿」的褲袋，這裡入、那裡出，怎可圓圓滿滿盛載？

　　解決的辦法其實很簡單，若房子面積佔大，可在門後設一玄關，阻隔大門與客廳，亦可設一屏風，亦能產生相同作用。當然，有時由於飛星盤的關係，屏風之佈置，或會影響來路，此點須詳其宅始可判斷，不可一概而論。

【圖三】大宅門後之中門，門後為天井。關上中門，可免「穿堂風」亂竄，翻倒家中雜物。現今「開門見窗」之設計，卻犯了「穿射」之弊。

　　同類型的設計，綜觀全港的大型屋苑，港島區九龍區新界區皆有，幾乎不勝枚舉，難怪我們經常慨歎「無錢剩」了。

　　此外，麗港城也是鑽石廳的設計（見圖四），房屋呈不規則形狀，正是我們所說的「飛機則」。此與中國人一向喜「四正」的特點有出入。從堪輿的角度，「飛機則」納氣駁雜，大門與大窗固然進納一方之氣，可由於屋形的關係，進深亦納雜另方宮位之氣，吉凶雖視個別住宅而定，但略懂玄空的讀者都知道，一間屋如得納旺向，旺氣會成一直線貫穿中宮及坐山，不會像鑽石廳拐彎。這正是「飛機則」的問題，往往納得旺向亦要打折，納向差者更甚。

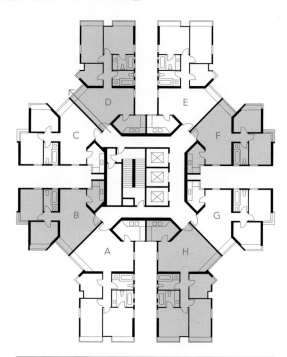

【圖四】麗港城每個單位皆為「飛機則」設計，飛星分佈不均，令屋宅納氣不純。

　　在《陽宅十書》中，有屋形三尖八角（見圖五），納氣不純的描述：「此地若無前後勢，家中男女眾人嫌。」鑽石廳相較於四正廳，家宅氣運始終欠缺穩定長久。

【圖五】古代已經視屋型不均之家宅不吉，稱之為凶宅，雖嫌名過其實，但可見始終以四正為上。

毗鄰堆填區　地氣受損

麗港城東南面鄰近晒草灣，是另一可供挑剔之處。晒草灣前身是堆填區（見圖六），曾經堆放了超過了160萬公噸廢物，經修葺後，2001年改建成康樂用地，進行全面綠化，興建了足球場、棒球場及公園等設施。可是，儘管現時外貌討好，但堆填的性質不變，麗港城與之為鄰，受地氣影響，宅運始終略打折扣。現時將軍澳一些新入伙的居宅，也有出現這些問題，垃圾車天天在樓下經過，實在難説「心曠神怡」。岔筆一談，位於環保大道旁的無線將軍澳電視城，雖然大閘迎來東南巽宮一四之氣（見圖七），利廣播事業科名遠揚，可其氣卻夾雜絲絲掩鼻之味，無怪乎無線近年聲名亦駁雜，有名氣，卻以惡名居多，並且屢遭挑釁，什麼「CCTVB」，什麼「是是但但」，成為高登巴打們的重點改圖對象，惹來陣陣訕笑。風水關乎地氣，地氣關乎環境，豈可不察焉？

探討麗港城各個單位坐向吉凶之前，先就各期之大局作一淺析：

【圖六】茜發道上標明晒草灣為堆填區，風水上地氣不純，影響所及，麗港城始終打折扣。

【圖七】無線電視城入口位處東南方，八卦上為巽方，主文昌，本利電視等傳播事業，可是鄰近堆填區，導致近年聲名混雜，不可純作吉論。

第一期（第1至8座，第13至17座）

承澤於麗港街東北至西南走向的關係，第1至8座明顯較佳，其中又以第5及第6座部份單位較易排得吉龍（第6座EFGH除外）；而第13至17座雖非成一直線，東北與西南走向，可是路口較多，從排龍而言，利多於弊。

第二期（第24至31座）

第二期僻處麗港城東北一隅，地勢較高，原址並非填海而來，為原山地位置，得承地氣，是麗港城各期中較利凝聚家庭人丁的一期。其中以臨近麗港東街及茜發道之第31座較得吉龍的機會最大。

第三期（第32至38座）

建於斜坡之上，也是原山地位置，內街麗港南街走向亦合度，唯嫌道路直長，而路口較小，容易排得破軍龍，其中第33座面迎第二期入口麗港東街由高而下之氣，雖合八運東北艮氣，卻嫌直沖，而且運過即敗。

第四期（第9至12座，第18至23座）

第9至12座與第一期第1至第8座相同，裨益於麗港街東北與西南走向，得乘八運旺氣，唯路太直太沖，並無路口，容易排得破軍龍，而且建於填海地上，客土無氣，利財祿不利人丁，吉凶視乎個人取向。

坐向優劣

麗港城所有單位，單就門口而言，雖為正東西及南北向，風水上為卯酉向及子午向，但是由於間隔關係，三房東西向及南北向的單位，實則兼收東南向及西北向之氣（風水上稱為巽乾），納氣較駁，未算全美。

麗港城正東西向（卯酉向）的單位，七運飛星盤到山到向，原主丁財兼收，尤其七運向東單位，見水或望空應大旺財運，唯屋形不均，應旺不全旺，此即「飛機則」之弊。

而正南北向（子午向）的單位，則為雙星到山或雙星到向之局，亦原主旺丁或旺財，可得其一，卻也因「飛機則」關係，丁財不全旺，而且宅中人易起爭端，經常鬥氣，廚房在大門後右側者為甚，蓋以灶火催旺飛星故。

綜觀整個麗港城，以第一期1-8座及第四期9-12座較佳。

優點

1. 麗港城內主要來路均是東北與西南走向,合當元旺氣。

2. 東北見山,西南見水,正神零神俱存,八運合局,丁財有繼。

3. 廚房及廁所房門均非正對客廳,免污穢外洩之弊。

缺點

1. 屋型為「飛機則」設計,鑽石廳,飛星分佈不均,宅運較難持久平和。

2. 主人房套廁正對大床,宜設活門,保持經常關閉,否則易對健康有損。

3. 單位開門見窗,犯「穿射」之弊,家宅氣運不聚,容易財來財去。

建議

1. 部份兩房單位,為典型眼鏡房設計,注意睡床擺放位置,詳情可參閱「大埔中心」一節。

2. 三房單位,細房狹小,擺放睡床後床尾沒有足夠空間作明堂之用,而且房形三尖八角,作衣帽間更佳。

整體評分

評價3

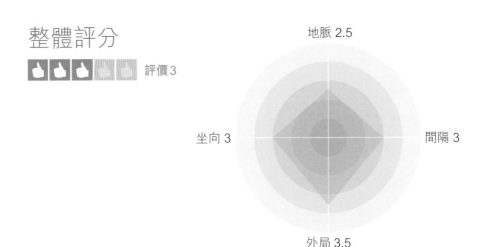

地脈 2.5

坐向 3

間隔 3

外局 3.5

葵青區

盈翠半島

見墳一定不吉？
端的視乎地脈

盈翠半島

「廟前貧，廟後富，廟左廟右出寡婦」，中國人重視忌諱，凡廟宇、墳場、道觀等陰物一律避之則吉，居所不見為妙。從堪輿的角度，其實不可以一概而論。

舉一個例，廟宇長年香火黯淡，說明該地陰氣不長，陽宅居此反無不利。同時也要考量陰物與居所的距離，是毗鄰而立？還是隔岸相對？兩者存有分別。盈翠半島遙望荃灣華人永遠墳場，可以借此說明。

盈翠半島 第一期

盈翠半島 第二期

物業名稱	盈翠半島	地區	葵青區青衣青敬路 33 號
發展商	港鐵 / 和記黃埔 / 中信泰富 / 長江實業	落成年份	1999 年至 2000 年
座數	12 座	單位數目	3558 個

背景

　　盈翠半島所在之青衣島，古名「春花落」，指春花成長的村落。後來，又以該島附近一帶盛產青衣魚，改名青衣島，唯今之青衣魚已絕跡。二十世紀初，人口僅數百人，居民早年以捕魚、耕作為業。五十年代開始，青衣進行填海，島上設有電力公司、石油公司及英坭廠（見圖一）。1974年，青衣大橋正式通車，長青村成為首個在青衣島落成的公共屋邨，1977年起入伙，之後其他公共屋邨及私家屋苑陸續落成。至於盈翠半島則建於青衣島北面填海地之上，為青衣港鐵站上蓋物業。

【圖一】七十年代青衣島（右上角）及荃灣鳥瞰圖，此相南北倒調，島上方明顯可見有三個山峰，稱為「三支香」。油庫分佈在島左上方及左下方，船塢設在右上方，正有一艘船航行。

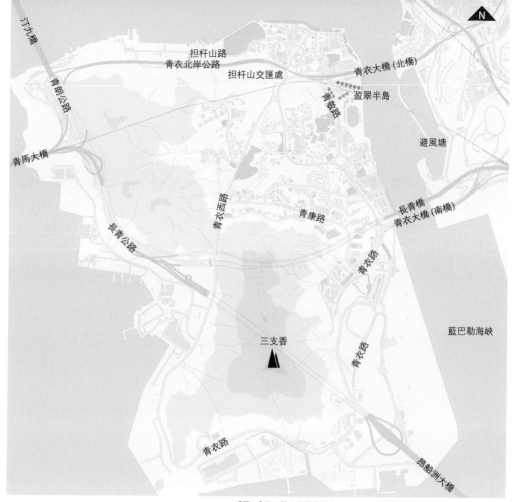

【圖二】從地圖上的輪廓線（contour line）可見，青衣島西南高而東北低，八運零正並不合局。

大局

　　青衣雖屬葵青區一部份，外圍形勢卻各自獨立，不可混為一談。葵青區八運合局，東北有山，西南有水；青衣卻是零正倒置，東北有水，西南有山。細考青衣島的山川形勢，其分佈如下：

　　青衣島最高之山為「三支香」，盤踞於島上西南方。山勢一直向北面蜿蜒而下，經過寮肚等地，最後匍伏在油柑頭及樟樹頭作結（見圖二），故此，地形是西南高而東北低，而在東北方則為藍巴勒海峽，與荃灣隔岸相對。

　　青荃路在盈翠半島東北面經過（見圖三），帶當元旺氣而來，左轉直入盈翠半島基座。觀乎青衣城之人流如鯽、商舖生意暢旺，正合八運來氣之應。

【圖三】青荃橋從盈翠半島東北方進入，得乘當元旺氣，故八運亦有一時之盛。

形理兼察　判斷才準確全面

在風水歷來的傳承上，大概分成兩個流派，一為巒頭派，著重一地的外在形勢，所謂龍、砂、水、穴之佈局，強調「望氣」，憑肉眼判斷風水的吉凶，主觀性較強；一為理氣派，根據屋宅建成的元運、坐向起盤，再參詳宅主年運，推斷生剋休咎，吉凶須經一番盤算，倚賴客觀標準。時至今日，一般都折衷為「形理兼察」，巒頭理氣相互考量，缺一不可，風水經典典籍《沈氏玄空學》中援引之例，不論陰宅陽宅，悉數強調形理互參的重要，而盈翠半島的坐向和間隔，正可作為例子引伸和對證。

盈翠半島第一期共有六座，其中C、D、G和H單位悉為東北與西南對向，風水上為巳亥向，七運樓，據飛星盤為「上山下水」格局，意即損丁破財，原為凶格。然而，由於盈翠半島的間隔開門見窗（見圖四），整體格局是坐空朝滿格（見圖五），與傳統的坐滿朝空格（見圖六）相反，變成屋前見電梯牆壁等實物，密密圍封，正對大門之方為窗，景緻相對開揚，空曠無物。從風水上的角度，山星到向（屋前），原屬不吉，但恰好大門前為實，為山，故此山星見山，作吉論，利人丁；向星到山（屋後），原屬失位，但恰好坐山為虛，為水，故此水星見水，亦吉，利進財。

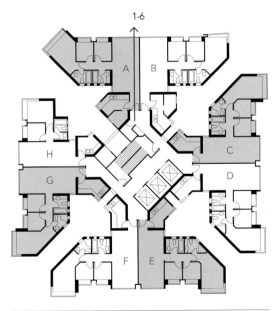

【圖四】敞開大門，窗外景物映入眼簾，風水上稱為「穿射」，宅運較難雍聚，部份單位幸與飛星盤相配，反收奇效。

　　因此，看一所房子，從來不可以僅憑飛星盤斷言吉凶，必須與屋形和間隔相互考量。飛星盤吉，房子的風水可以極壞；飛星盤凶，房子的風水可以極佳。這是形理兼察的關鍵。

　　回說盈翠半島，雖然部份屋形與飛星互相配合，負負得正，山星和向星得用。可是針無兩頭利，這種間隔卻犯上洩氣之弊。大門打開後，正對窗戶或露台，透過玻璃可直望到屋外環境，這情況容易掀起「穿堂風」，風水上稱為洩氣，未能藏風聚水，容易財來財去，雖可進財，散財亦多。放眼香港，盈翠半島的例子十分常見，「梗有一間喺左近」，無怪乎常有人呻「餐搵餐食餐餐清」，甚至寅吃卯糧，揹上一身咭數。

　　此外，盈翠半島的C、D、G和H單位亦犯「入囚」，除少數特例「應囚不囚」外，八運應旺不旺，而且也是「連茹卦」，為飛星中極不理想的組合，主通盤欠吉，株連全屋。

坐空朝滿

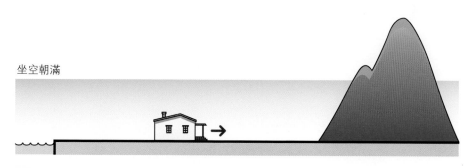

【圖五】屋後空曠，屋前有山或大廈等實物，稱之為坐空朝滿。

坐滿朝空

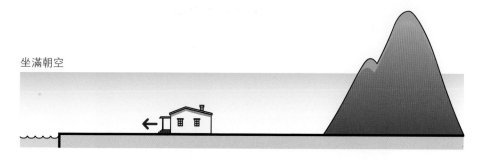

【圖六】屋後有坐山或大廈實物，屋前空曠，稱之為坐滿朝空。

見墳吉凶須視乎地脈

風水上一個常見疑問，住宅望見墳基是否一定極壞？這個問題亦適見於盈翠半島。盈翠半島與荃灣相隔一個藍巴勒海峽，對岸就是荃灣華人永遠墳場（見圖七），第1、10、11及12座部份單位皆遙望墳場，宅運豈非「大吉利是」？

事實卻不盡然。其實，單位看見墳場，吉凶須視乎墳場所在位置。如果墳場與單位毗鄰，中間並無阻隔，問題的確較大，原因是兩者極可能源自同一來龍，一地如建墳場，其來龍往往是敗龍，利陰宅遠多於陽宅；反之，如果單位與墳場有一大段距離，甚至相隔兩岸，大可無須過慮，住宅與墳場極可能源自不同來龍，地氣有別，吉凶各異，不必庸人自擾。只是望見墳場到底有礙觀瞻，對喜歡講意頭的中國人來說，始終是眼中的一條刺，心理影響多於風水影響。

【圖七】見墳場不一定不吉，還須整體考量。以盈翠半島為例，與荃灣永遠墳場隔岸相對，地脈不同，墳場不過是一道尋常風景而已。

坐向優劣

第一期位於鐵路北面，大部份一梯八伙，個別頂層單位為六伙，悉為東南與西北對向（巳亥向）及西南與東北對向（寅申向）。

盈翠半島第一期，有一半單位為七運巳亥向單位，根據風水飛星盤，原為「上山下水」的情況，主損丁破財，幸而屋形為開門見窗之局，坐空朝滿，恰與飛星盤相配，形理對應，變成丁財得位，主吉。可惜坐東南向西北（坐巳向亥）之單位，八運「入囚」，令星不得用，宅運始終打折扣。

至於盈翠半島東北與西南對向的單位，風水上為寅申向，悉為雙星到山或雙星到向之局，原主旺丁或旺財，二者可得一，唯亦因開門見窗的關係，雙星到山卻見水，丁不全旺，此即為理氣與形勢不全配之一例。

第二期第1座坐向與第一期相同，可參考上文，唯處單邊，無靠，形勢上不及餘座。

第二期第7-9座，一梯八伙，一半為南北對向，風水上為丁癸向；一半為東西對向，風水上為乙辛向。

七運丁癸向為雙星到向或雙星到山之局，原主旺財或旺丁，唯亦因開門見窗故，吉應打了折扣；乙辛向為到山到向之局，原主丁財俱旺，卻反因屋型不合，吉星不得用，較前者更差。

第10-12座，除高層51樓及52樓外屬一梯六伙外，餘亦為一梯八伙。一半為東南與西北對向，風水上為辰戌向；一半為西南與東北對向，風水上為未丑向。

先就東南與西北對向而言，七運辰戌到山到向，原主丁財俱旺，唯間隔不符，飛星得用變失用，而且八運「入囚」，應旺亦不旺。

而西南與東北對向單位，七運雙星到山，門開一四，利文昌，又以坐西南向東北單位較佳，因現時為八運，八在東北，開門可納吉氣。

盈翠半島部份樓宇，第7至第12座，望向東北方景觀，反被同屋苑之其他樓宇所擋，雖無海景，風水上其實更佳。八運正神在東北，以見山為吉，見海反而不美，主人丁有損。

整體而言，由於盈翠半島西南高東北低，零神正神俱失位，故東北向海之單位，反以不見海為吉，主損丁，效應包括人丁不旺，添丁較難。

優點

1. 東北方當元旺氣直抵青衣城，盈翠半島亦可得益。

2. 部份單位屋形與飛星盤恰好相配，負負得正，反而得利。

3. 除部份座數C單位外，屋形間隔尚算四正，飛星分佈平均，宅運一般可較長久平和。

缺點

1. 東北面為藍巴勒海峽，西南面為「三支香」高山，零正倒置，丁財打折扣。

2. 部份單位狹小，擺放睡床後，不容易留下空間作明堂之用。

3. 單位開門見窗，犯「穿射」之弊，家宅氣運不聚，容易財來財去。

建議

1. 可以考慮打通兩房，令房間長度倍增，加長床尾明堂，有利聚財。

2. 切勿移船就磡，睡於窗台之上，亢陽太甚，得不償失。

整體評分

評價3

地脈 3

坐向 3

間隔 3

外局 2.5

荃灣區
綠楊新邨

廚房在屋中央，
稱為「火燒心」，
風水大忌！

綠楊新邨

古人以為，房子像一個人，也有其生、旺、衰、死的過程，從定向、營造、入伙、到殘破，正是經歷著一個人的生存不同階段，人有人運，屋也有屋運，因此在設計房子時，亦以一個人的身體各部位為藍本，釐定房子內不同部份的設置，故而大門，大廳、走廊、房間以至廚房及洗手間等各有定位，絕不輕率從事。

今人不察，將房子的設計倒置，綠楊新邨正是一例。

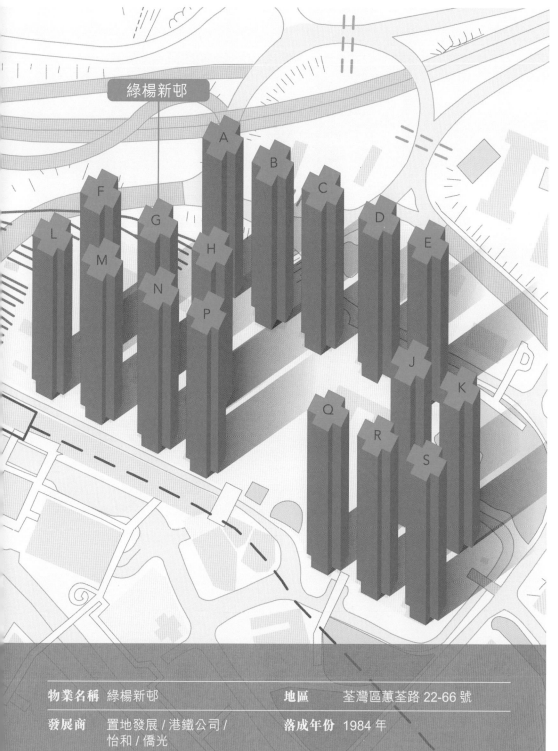

綠楊新邨

物業名稱	綠楊新邨	**地區**	荃灣區蕙荃路 22-66 號
發展商	置地發展 / 港鐵公司 / 怡和 / 僑光	**落成年份**	1984 年
座數	17 座	**單位數目**	4072 個

背景

　　荃灣，古名淺灣，因其灣水淺而名，南宋末年已經建村。後稱全灣，取完全之意，再從議為荃灣。1898年，英國租借新界後，荃灣仍是一條小漁村，及至1950年代，政府打算將荃灣發展成全港第一個衞星城市，進行大規模的填海工程（見圖一），以及其他道路配套，荃灣開始蛻變。1970年代開始興建地下鐵路，其中一條主要路線以荃灣為總站，並以此命名，車廠亦設於毗鄰，綠楊新邨即為荃灣車廠的上蓋物業，建於大霧山山腳，過去為近海一帶。

荃灣填海工程 1960 2

【圖一】上世紀六十年代之荃灣，圖下方道路為青山公路，圖上左方為醉酒灣。

【圖二】東北方為象鼻山道由高而下，西南方直出為荃灣海濱一帶，東北高西南低，八運合局。

大局

綠楊新邨鄰近港鐵荃灣站，位於荃灣東北面，北面及東面皆環山、西面及南面望空，遠眺荃灣與青衣島之間的藍巴勒海峽。以現時八運而言，綠楊新邨零正合局。東北面為針山及城門郊野公園，地勢高崇，並有象鼻山路從東北面城門隧道遙遙而至，在綠楊新邨旁荃錦交匯處匯合，亦合東北有路之局。另外，綠楊新邨位於港鐵荃灣車廠上，故地基較高，遠眺西南面之藍巴勒海峽，亦屬零神有水，零正俱合局，綠楊新邨在八運大局上堪稱滿意（見圖二）。

住宅地基不宜中空　動氣尤甚

然而，綠楊新邨有兩個問題不容忽視。

第一，如前所述，綠楊新邨並非建於地上，而是位於港鐵荃灣車廠上（見圖三）。車廠雖非每天早晚有列車行走，但為配合車輛調動及進行一般保養維修，始終有車進出，此即問題癥結所在。蓋中國人家庭觀念極深，重土輕遷，家人之間的關係必須建基於牢固的基礎上，才可以和諧持久。故此，若一間住宅地基中空，下有列車行走的鐵路（停車場不在此列，因車輛只停停開開），家庭基礎不夠穩固，往往容易產生問題。其實在日常新聞中，一些鐵路上蓋物業間有一些不幸家庭事故發生，部份原因在此。

當然，現時的家庭結構，跟過去分別極大，三四代同堂的大家庭愈趨少見，小家庭十分普遍，但即使小至兩口子之家，關係也容易疏離，並不穩定。

【圖三】明顯可見綠楊新邨地基為荃灣車廠，列車日常出入帶動象，對居宅不利。

火燒心　居宅之大忌

　　回應篇首，一間房子可以分為三段，代表一個人的身體各部份（見圖四）。

　　以一所常見的房子為例，大門是往來進出之處，為主要納氣方位，正如人的口部，我們日常說話、進食吸納皆在此；房子中間就是大廳，屬日常作息中的主要活動之處，除了晚上到房間休息外，乃最繁頻活躍的空間，等如人的五臟六腑，身體大部份的功能由此運作，其中又以心臟最重要。大廳後是房間，晚上休憩及睡眠在此進行，是一屋中最私穩之處，也是生兒育女的地方，並不對外開放，也就等如人的下半身，是私密之處，平常會穿衣蔽體隱藏起來。明乎此，若一屋之廚房設於房子中央，與人的身體對應，風水上稱之為「火燒心」。

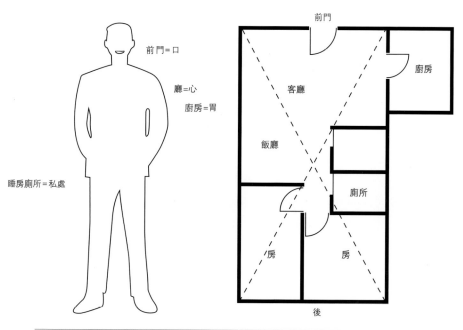

　　前門＝口

　　廳＝心
　　廚房＝胃

睡房廁所＝私處

【圖四】一間屋的設計與一個人的身體構成相似，故廚房置於家宅中央，正如一個人火燒心，對脾氣及健康皆有損。

「火燒心」是風水上大忌。綠楊新邨的問題癥結，在於整個屋苑均為「火燒心」的間隔（見圖五）。在今天香港，部份政府經營的房屋，以至私人屋苑，都有廚房設於中央的設計，筆者本人亦接觸不少「火燒心」個案，屋主有同事、朋友、朋友的朋友，不幸地遭遇塞厄的確實較多，常見現象是家人脾氣容易暴躁，每為瑣事爭執，嚴重者導致離婚收場，而個人的健康亦較差，如遇上家宅大局不合，坐向亦差，甚至惹來頑疾，須延醫診治。箇中道理，其實顯淺易明。一個人的心臟，是最重要的器官，將血液供給

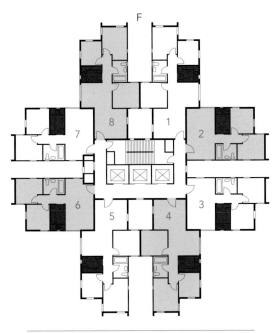

【圖五】綠楊新邨每伙單位廚房均置於中央，名符其實火燒心格局。

全身組織，不可或缺，可廚房在房子中央，天天明火煮食，就像人的心臟給烈火持續焚燒，亢燥焦旱，固然影響脾性，器官更易失效失調，破壞身體運作，實不可不察焉。

當然，我們不能說凡「火燒心」的房子都會生病和離婚，正如我們也不可以說凡吸煙者都會致癌，但不得不承認，吸煙導致生癌的機會確會較大。

解決「火燒心」的方法有二。一是把廚房移走，根據飛星盤遷往別處，諸如大門入口附近，詳情要參考飛星盤而定。當然，聽畢此話，許多人都會面色一變，用緊鎖的雙眉告訴你，此舉有多為難：要拆牆又建牆，要拆喉又走喉，爐頭又要重新佈置，煤氣錶又不知如何安放，牽一髮動全屋。麻煩處筆者當然明白，可沒退讓空間，因為見識過「火燒心」的餘害，若屋主為這為那的原因，不願作出改動，就如尊師所言，看醫生而不吃藥，藥不到病不除；二是做個「無飯」家庭，不在廚房生火或加熱，能拆牆便拆牆，不可拆牆便改為雜物室或衣帽間，雖然難免「燒冷灶」，但總好過房子中心持續受熱，影響心臟功能。

此外，一直有說，住宅不宜毗鄰廟宇道觀，又或自身信仰與該宗教建築相悖者，容易造成心理不安，利多於弊云云，實情不可一概而論，須視該廟宇香火而

定：鼎盛者，說明該地陰氣繚繞，陽衰不繼，故利此等「非陽之物」，而不利生人，最明顯的例子當然是獅子山下的黃大仙廟，長年善信不絕，居於此地者生活卻較困苦；反之，若香火凋零，則該地陽盛而陰衰，故而不利陰物，生人居之無妨。以綠楊新邨為例，E、J、K座鄰近蕙荃路之天后廟（見圖六），又稱天后宮，原址在三棟屋村。該廟除用於春秋二祭外，其餘日子不算熱鬧。各位若有意遷居綠楊新邨，不妨到該廟親身視察，視乎香火盛衰再作決定，無須妄下判斷，臨近廟宇一定欠佳。

【圖六】天后宮毗鄰綠楊新邨，吉凶須視乎香火而定，未必一定不吉。

坐向優劣

綠楊新邨各座全部同一坐向，分別是東南與西北對向，以及西南與東北對向。

先就坐東南與向西北的單位而言，風水上為辰山戌向，凡此單位，皆屬「入囚」，此其一；而按七運飛星盤，屬到山到水之局，原為旺丁旺財，但踏入八運，旺氣漸退，到九運更不可用，此其二。

坐西北向東南的單位，風水上為戌山辰向，氣運雖較長，卻始終難避退氣之應。

至於坐西南向東北的單位，風水上為未山丑向，七運飛星盤為上山下水，主損丁破財，八運卻可興旺，財丁俱佳，而且大門在東北，承接八運旺氣，唯「火燒心」的情況始終未變，難免美中不足。

而坐東北向西南的單位，風水上為丑山未向，跟未山丑向單位情況大致相同，但到底門在西南，不及對面單位興旺。

優點

1. 東北有山，西南有水，八運零正合局，丁財有據。

2. 間隔四正，無缺角之弊，飛星分佈平均。

缺點

1. 建於荃灣車廠之上，家宅欠缺牢固基礎，家人流散較多。

2. 「火燒心」，廚房設於房子中央，影響家人脾性及健康。

3. 各座2、3號單位，坐東南向西北，八運「入囚」，財運打折扣。

建議

1. 將廚房遷至別處，如大門入口附近，據綠楊新邨的間隔，可以做到，視乎決心。

2. 居於鐵路上蓋，除非獨居，否則一般家人難聚，擇居於此者可按自己情況考慮。

整體評分

👍👍 評價2

地脈 2.5

坐向 2

間隔 1.5

外局 3

屯門區

屯門市廣場

間隔上設有長走廊，
對宅運有何影響？

屯門市廣場

風水推算講求精準，當中涉及理氣計算，須具備一定基礎認識，並非人人可懂，但是有一些簡單認知，其實肉眼也可判斷，例如窗外恰見兩幢大廈構成的罅隙，謂之「天斬煞」，罅隙愈狹，煞氣愈大；又或對準鄰廈的尖角，謂之「雞咀煞」，尖角愈銳，煞氣也愈大，雖不見為妙，但亦無須大驚小怪；至如大廈內又如何肉眼可辨？其中之一，就是門前走廊之路直沖，常見效應就是宅運上落較大，屯門市廣場就是一例。

物業名稱	屯門市廣場	地址	屯門區屯門市中心
發展商	信和置業	落成年份	1987 年至 1992 年
座數	8 座	單位數目	1968 個

背景

　　屯門位於香港西端，地理位置顯要，為進入香港必經之地，自唐代開始，已有兵卒屯戍，故稱屯門。及至明清，對外商貿日趨頻繁，屯門為前往廣州經商之門檻。屯門地理形勢原呈三角型（見圖一），河口極為飄蕩。上世紀初，屯門仍然一片荒蕪（見圖二）。70年代港府銳意發展屯門，準備移置大量居民，於是開始填海，現時屯門市中心大部份住宅土地均非原山地；

　　現時屯門大部份樓宇，皆位處兩山之間（見圖三），西面是高聳的青山一帶連綿山巒，東面是大欖落脈，山谷氣雜，格局上難稱全善。風水上，建設廟宇道觀可以化煞為祥，因此，屯門早年這些方外之所林立，香港著名的青松觀即建於此，長年香火鼎盛。後來，港府計劃將屯門發展成第一代的衞星城市，開始進行完善道路配套，80年代屯門公路及輕鐵以至西鐵相繼落成，其中由東北方元朗而來的西鐵對屯門的影響尤大（見圖四）。屯門踏入八運後市況日旺，風水上與牽動其東北方當元旺氣密不可分。屯門市廣場正位於西鐵站旁，得益極鉅。

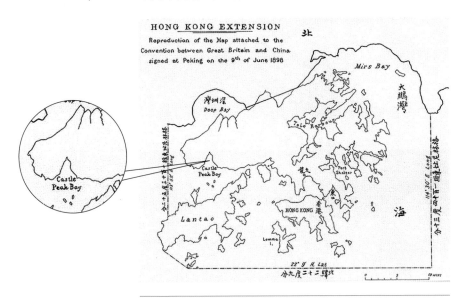

【圖一】當時稱為「青山灣」（Castle Peak Bay），以當地之青山命名，河口極為遼闊飄蕩，一直向現今之屯門新墟收窄。

▲【圖二】屯門舊貌，還是一片荒地，右方山尖為青山，遠處連綿山巒為大嶼山。

▼【圖三】相片左方是香港第二高山青山，連綿山脈之後是深圳后海灣一帶，右方是青山灣黃金海岸，上為大欖等高地，兩山構成「V」形，屯門狹處中央。

元朗公路

兆康站

屯門公路

青田路

青山公路

鳴琴路

屯門站

屯門河道

青雲路

屯門市廣場

青山公路-青山灣段

屯門公路

大欖郊野公園

N

【圖四】西鐵從東北方之元朗迢長而至，合八運當元旺氣，屯門近年屢有長足發展，與此關係重大。

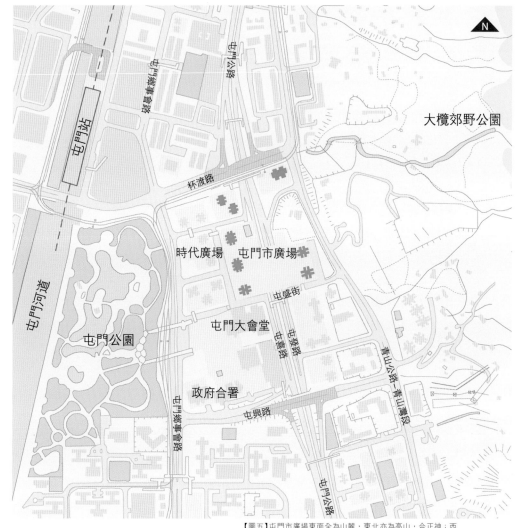

N

【圖五】屯門市廣場東面全為山麓，東北亦為高山，合正神；西南面低伏，近處是公園，遠處是屯門河，合零神，八運整體合局。

大局

　　屯門市廣場在屯門區「內陸」，位於屯門河以東，中間隔著屯門公園，亦在西鐵屯門站正東，西北面為新墟一帶，東面為大欖郊野公園高山，南面則是華都花園及一系列政府建築物，包括大會堂、政府合署及法院等（見圖五）。縱觀整個屯門區住宅，屯門市廣場為較為合局之選擇。第一，它不在青山灣口屯門碼頭一帶，避免如水大無收及割腳水（詳見「海怡半島」一章）之弊；其次，東北面有大欖郊野公園高地，西南面望空，先見屯門公園池塘，再遠眺屯門河開揚河景，合乎八運零正要求。要印證是否合局，各位不妨周六日到屯門市廣場走一趟，遊人之擠湧，插針難進，正是八運旺丁旺財之應；各位也可多加留意，這情況自2002年初屯門市廣場進行龐大外牆翻新工程，以及將大部份商舖重新規劃及間隔後尤其明顯。然而，旺商場不一定旺住宅，這點必須小心區分，此因兩者在風水上的要求不同。

沖起樂宮和囚宮

看風水經常強調「形理兼察」，形局與理氣必須互常參詳，判斷才會周詳準確。然而，部份形局其實可憑肉眼判斷，宅運已可略知一二，走廊直沖門前即屬一例。

屯門市廣場第3、4、8座為一梯十伙之單位，其中Ａ、Ｅ、Ｆ、Ｋ單位皆正對一條長走廊（見圖六），凡此類單位，門前之氣皆直沖而來，中間並無阻隔，風水上視為不吉。《天元五歌》云：「沖起樂宮無價寶，沖起囚宮化作灰。」

若門向飛星吉，可藉此直沖而來之氣沖起，這些住戶成為名符其實的「暴發戶」，樂宮沖起，一如無價之寶；然而，若門向凶星飛臨，也可沖起煞星烈焰，其禍也立至，災禍綿綿家當成灰。

既然只是吉凶互見，何以視為不吉呢？此因看一戶之風水，先以其坐向及元運，以飛星計算其理氣，此謂之天盤，可視為家宅之本，猶如一個人的先天本質。然而，人不免受四時天氣的影響，令身體狀況出現差異，家宅亦然。天盤既定，須兼視流年、流月、流日、甚至流時等的變動因素，均會左右家宅吉凶。星曜既會流動，故吉星凶星均會輪流飛抵宅門，門前之氣若直沖而來，吉星凶星之力量俱會倍增，於是宅運亦會高低不等，此對傳統中國人一向重視平衡中和、家宅安穩的觀念而言，自然嫌之波動，時好時壞，故並不視直沖之氣為吉。

屯門市廣場另一瑕疵，就是山上分佈嶙峋怪石（見圖七），風水上來龍帶煞。在上文大局中提及，屯門東北及東面俱為山麓，正神合局，原主旺丁；可是如果稍加留意，山勢並非綠草植披，芊翠盎然，此因該處為大小欖的西面落脈，大欖小欖本身山形巖巉，幾無完土，各位行經屯門公路時北望，自會一目瞭然。

山脈由此延伸，屯門市廣場東面的山頭雖已較多見草木，唯仍多巨石凸出，以陽宅標準而言，並非

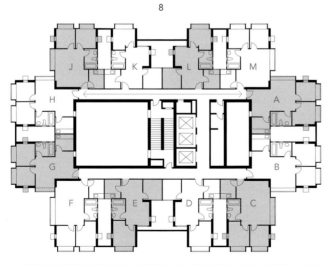

8

【圖六】由於一梯十伙，大堂走廊較長，造成走廊兩旁之單位正門面對綿長直沖之氣，宅運上落較大。

吉應。

　　所謂「煞重神靈」，帶煞之山，利寺廟多於利住宅，獅子山下南脈之黃大仙廟，北脈之車公廟正是範例，煞氣愈大，香火愈盛。

　　「山管人丁水管財」，但並非見山就代表人丁旺，尚須一定條件配合，山形就是其一。

【圖七】屯門市廣場東旁山頭遍佈怪石，風水上視為帶煞，凡陽宅見山以草木植披為佳。

坐向優劣

　　屯門市廣場屬七運樓，單位為東西對向及南北對向，風水上為甲庚向及壬丙向，其中甲庚向是屯門市廣場的問題所在。

　　無論是坐東向西或坐西向東之住宅，根據飛星盤，統稱為「上山下水」，均屬損丁破財，而且全屋均犯了風水上之「伏吟」凶格，全屋氣運不通，或損人丁，或損財運，俱非理想格局。建議讀者可參慮將單位進行大裝修，若修茸得宜，局面可期改善。

　　至於南北向之單位，風水上稱為壬丙向，情況與甲庚向不同，保持七運或改為八運俱為可取，或旺人丁，或旺財運。然而，踏入九運後，這些單位卻不適合進行大裝修，否則皆犯上「伏吟」凶格，僅可分階段小修小補。

　　屯門市廣場一例，頗能說明一間吉宅如何難求。看一屋一宅之風水，大局與細節缺一不可。舉一個例，人人都追求快樂人生，可是談何容易，家庭、學業、健康、婚姻缺一不可，「五福臨門」，幾多人可以修到？一間風水絕佳的房子，要求之多也不遑多讓。簡單來說，需視大局及排龍等先天因素，再兼顧樓宇坐向等後天因素，也要跟自己的年命配合，正是天、地、人的完美配合。常見的情況是大局合，排龍合，飛星卻不合；又或飛星合，大局及排龍又不合，以至大局及排龍又各異，於是得出的現象，往往吉凶互見的住宅最多，因此，大富大貴的人珍罕如鳳毛麟角，社會上永遠中等階層的人最多。

　　筆者犬儒，覺得這樣也好，好房子難覓，箇中牽涉太多非人力可控制的因素，諸如找到心水房子沒錢買，有錢買業主又突然惜售，或者突然衝出個王八搶購，常常蜑家雞見水，無福消受。因此，筆者從不為房子未瑧完美而在意，居所能夠讓一家人身體健康、彼此融洽相處已經很不錯。

優點

1. 東北面為高山，西南面為屯門河，八運零正合局。

2. 屋形四正，飛星分佈平均，宅運相對平穩。

3. 位處屯門西鐵站旁，「食正」八運東北來氣。

缺點

1. 前身為農地淺田，濕稠之氣較重，利財祿不利人丁。

2. 東面及東北面之山山形巖巉，頑石凸出，龍氣帶煞。

3. 一半單位東西對向，風水上為甲庚向，七運不佳。

建議

1. 可考慮大裝修，八運甲庚向大旺，唯僅可維持十年。

2. 如屬意宅運平穩，避免選擇走廊直沖之單位。

整體評分

評價2.5

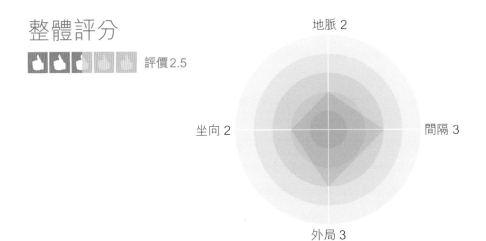

地脈 2

間隔 3

外局 3

坐向 2

元朗區

嘉湖山莊

大門為唯一進出納氣之所，
風水定向始終以此為據。

嘉湖山莊

風水上，給嘉湖山莊起盤，術師極可能各有各說，各有各盤算。此話怎講？

一直以來，一間屋，究竟以門為向，還是以朝光處為向，是術數界熱賣的話題。一個飛星盤，必須確立坐向，才可據元運起盤，看九宮內運星、山星和向星的組合，論其生旺剋洩，判定吉凶。嘉湖山莊的間隔設計，大門對大窗相對，若所據不同，山向完全逆轉，論斷可以倒置，茲事可謂體大。

嘉湖山莊 美湖居

嘉湖山莊 麗湖居

嘉湖山莊 翠湖居

嘉湖山莊 景湖居

嘉湖山莊 賞湖居

嘉湖山莊 樂湖居

物業名稱	嘉湖山莊	地區	元朗區天水圍
發展商	長江實業	落成年份	1991 年至 1997 年
座數	58 座	單位數目	15880 個

背景

嘉湖山莊位處的天水圍，與屏山及流浮山等地同屬於元朗區。

元朗是香港最大的平原，居民早年以養魚及務農為業。天水圍最初主要種植稻米，到二十世紀沿著海濱興建石壆堤圍，阻擋海潮，故改名天水圍（見圖一），嗣後市貌一直變化不大，直至八十年代政府大規模發展新界西北，建立新市鎮，容納日漸膨脹的人口，將原址之魚塘大幅填平，建設公營房屋，以「天」字為名，包括天瑞邨及天耀邨等，並同時進行道路配套，聯繫市區，以及接駁屯門的輕鐵相繼落成。九十年代中，嘉湖山莊竣工（見圖二），提供多達16,000個單位。

【圖一】嘉湖山莊前身原為漁塘，雖經淤填成土地，地氣依舊稠濕，不利人丁聚居。

【圖二】九十年代嘉湖山莊雛型，圖上方現為濕地公園，左上角為后海灣。

香港濕地公園

嘉湖山莊 美湖居

嘉湖山莊 麗湖居

嘉湖山莊 翠湖居

嘉湖山莊 景湖居

天水圍公園

嘉湖山莊 賞湖居

嘉湖山莊 樂湖居

天水圍站

港深西部公路

洪天路

青山公路－屏山段

元朗公路

圓頭山

【圖三】嘉湖山莊所在之天水圍大局，圖左下方為圓頭山，八運零神所在，應見水現為高山，零神反吟，不利財祿；右上方為漁塘及濕地公園，屬正神所在，應見高山現在卻是低窪之地，不利人丁。

大局

　　嘉湖山莊位處元朗市中心西北方，西面及北面為后海灣，東北面為排水道流出后海灣的出口，旁為濕地公園及低窪地段，南面為屏山等地，西南方凸起，為圓頭山所在（見圖三）。綜觀整個嘉湖山莊格局，西南高而東北低，八運零正倒置，正神主人丁，零神主財祿，故嘉湖山莊丁財俱打折扣，外局評價不高，而且前身為漁塘，後經淤填成土地，地氣稠濕，對人丁和睦及家庭穩定構成影響。

空中飛人？

回應篇首，一間屋究竟應以門為向？還是以朝光處為向？

在古代，房屋結構簡單，一間屋一度大門，窗戶極細（見圖四），中間一個天井採光，僅此而已。故此一間屋以門為向，從無異議。然而，今天的樓宇，悉以景觀為賣點，天文數字的樓價，付給一個開揚海景。在供求的關係下，樓宇的設計側重於光猛景觀，採光度愈大愈好，加上隨著建築技術的進步，可以鑲嵌二三層樓高的落地玻璃，窗戶納氣度大增，於是風水上的爭議來了。

往日門大窗小，窗戶不過通風之用，究以大門為要，自然亦以門為向，殆無異說。可是現在有人捨門弗由，以為一列落地大窗，往往由大廳延伸至房間，此方恆常日照貫注，光線充沛（見圖五），採光之大，尤勝一宅之門，故以朝光處為向。這種想法，當然不無道理。究竟以何為向，筆者問之於吾師，吾師輕哂：「唔通D人識由窗口飛入來？」

筆者啞言又釋然。

是的，大門所以為大門，乃為一屋之總氣口，我們不是蜘蛛俠，不懂得飛簷走壁，可以從窗口入屋；所有人無一例外由大門往來，如人身之口主吐納，一屋之進出均帶氣而往來，固當以此方為對外之向，從小玄空的角度，以門為向應無疑問；至於屋內一列大窗之開揚光滿，可據此對照飛星盤上所在宮位，多加重視考量。

【圖四】典型中國民居，窗戶狹小，僅作通氣之用，故立向以門為要。

【圖五】香港大型屋苑大廳窗戶闊大，採光度強，有人擬作立向之用。

道路綿長　不利排龍

嘉湖山莊一如典型香港新市鎮的設計，道路綿長（見圖六），呈環迴狀分佈，錯失了入口，須繞個大圈始可到達目的地，而且各期之間距離疏落，路口不多，凡此種種，風水上並不視為吉格。就本派的排龍而言，道路愈長，路口愈少，排得吉龍的機會愈低，反之卻易排得破軍敗龍，對宅運產生不良影響。

【圖六】嘉湖山莊內道路迢長，容易排得破軍龍，不利民居。

此外，嘉湖山莊的屋型亦不可取，幾乎所有單位均為鑽石廳，開門見窗，屋型與大門均有45度之偏差（見圖七），故雖以門為向，但由於屋型關係，家宅所納之氣與門向不同。根據飛星盤結構，若飛得吉星臨門，理應中宮及屋後三個直落宮位得益最大，但以嘉湖山莊的屋型卻不受惠，這是屋型結構上的缺點，不約間隔四正，納氣平均的屋形可取。

嘉湖山莊的問題顯然較多，正印證了我們平日在大眾媒體中，不時聽到一些不幸的家庭事故，但正如本書前置部份所言，風水上並無絕佳或絕壞之地，恆常存在99:1比例，若閣下寓居嘉湖山莊，說不定正是幸運的小數呢。

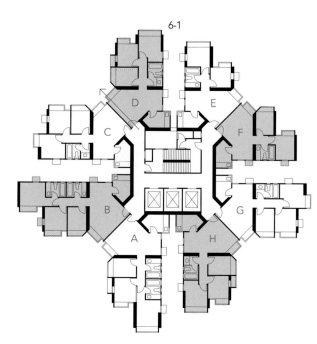

6-1

【圖七】開門後，屋形卻有45度偏差，納氣不若傳統模式單純。

坐向優劣

第一期樂湖居

　　共有14座。第一至第四座為東南與西北對向（巳亥向），以及西南與東北對向（寅申向）。

　　就坐東南向西北的單位而言，若單位坐東南向西北（坐巳向亥），七運樓剛入八運即「入囚」，當元令星應旺不旺，且為「上山下水」之局，主損丁破財；亦屬「連茹卦」，全盤飛星皆劣配，「株連」全屋，愈發則敗愈速。

　　即使將全屋進行大裝修，改為八運樓，局面雖可期改善。唯現已踏入八運中期，一俟九運，「入囚」依然，這是坐東南向西北單位的「結構性」問題，無法改變。

　　而坐西北向東南之單位，雖無「入囚」，宅運較長，可餘弊依然，亦不為美。

　　至於西南與東北對向的單位，風水上為寅申向，情況較佳。為「雙星到山」或「雙星到向」之局，主旺丁或旺財，但亦僅可得一。與巳亥向單位相反，踏入八運後，不建議進行大裝修，否則適得其反，旺丁變損丁，旺財變損財。

　　第5至第10座，則為東西對向，風水上為乙辛向；以及南北對向，風水上為丁癸向。

　　就乙辛向而言，原得七運旺星「到山到向」，理應丁旺兩旺，可是由於屋型關係，未能盡納旺氣；至於丁癸向，為「雙星到山」或「雙星到向」，原應旺丁或旺財，也是由於屋型關係，旺氣未竟全功，以及部份單位廚房位置飛星不佳，家人容易常起爭執。

　　第11至14座，座向與第1至4座相同，可參閱上文。

第二期賞湖居

　　第1至第4座為東南與西北對向，風水上為巳亥向；以及西南與東北對向，風水上為寅申向。坐東南向西北（巳山亥向）的單位情況跟樂湖居相同，皆犯「入囚」之弊，亦為「上山下水」及「連茹卦」。幸而其內街及對出之天湖路均屬東北與西南走向，合乎八運旺氣。

　　5、6座為東西對向，風水上為乙辛向，以及南北對向，風水上為丁癸向；其飛星盤與第一期樂湖居大致相同，詳情可參閱上文。

第三期翠湖居

　　第1、2及第5、6座悉為東西對向，風水上為乙辛向，以及南北對向，風水上

為丁癸向，詳情請參閱賞湖居5、6座；

第3及第4座雖亦為東西對向，風水上則為甲庚向；以及南北向，風水上為壬丙向。七運甲庚向為「上山下水」之局，主損丁破財，亦犯上「伏吟」，主全屋氣運不通。此等甲庚向之屋，八運較佳。

至於壬丙向，則為雙星到山及雙星到向之局，主旺丁或旺財，但亦僅可得一。

第五期麗湖居

第1座及第6-10座為南北與東西對向，風水上為子午與卯酉向。七運子午向為「雙星到山」或「雙星到向」，主旺財或旺丁，二得其一；卯酉向則為「到山到向」，原主丁財俱旺，唯因屋型不均，略打折扣，且須視乎室外環境是否配合，未必全美。

第2至5座為東南與西北對向，風水上為巽乾向，以及西南與東北對向，風水上為坤艮向。先就前者而言，若單位為坐東南對西北，則為「入囚」、應旺不旺，且犯「上山下水」，丁財有損；並屬「連茹卦」，劣配株連全屋，宅運不佳；若為坐西北向東南，雖無「入囚」，餘弊相同。

而西南與東北對向單位，則為雙星到山或雙星到向之局，主旺丁或旺財，僅可得一，但始終較坤艮向為佳，亦以坐西南向東北較可取，蓋八運利艮方開門之故。

第六期美湖居

第1、2、7、8座為東南與西北對向，風水上為巽乾向，以及西南與東北對向，風水上為坤艮向。坐向與上文麗湖居第2至5座相同，可參閱。

第3、4、5、6座為南北與東西對向，風水上為子午與卯酉向，坐向與上文麗湖居第1座及第6-10座相同，可參閱。

第七期景湖居

第1、6、7、8、9及14座為南北與東西對向，風水上為子午與卯酉向，坐向與上文麗湖居第1座及第6-10座相同，可參閱。

第2至5座和10至13座為東南與西北對向，風水上為巽乾向，以及西南與東北對向，風水上為坤艮向。坐向與上文麗湖居第2至5座相同，可參閱。

值得一提的是，儘管上文提及部份座向相同，飛星盤亦相同，可以參考，但並不代表宅運完全一樣，須視乎各期之道路走向，是否與當元氣運配合或相悖；以至三叉水的分布，與住宅單位構成之關係，還要加上宅主年命因素，始可詳論休咎，上文僅為概論，以供參考耳。

優點

1. 樓宇距離寬闊，免遭毗鄰大廈遮擋，日光照入，合陽宅要求。

2. 絕大部份單位廚房及洗手間均無正對客廳。

缺點

1. 前身為漁塘，建於填海地上，地基不穩，影響家庭穩定。

2. 東北為水，西南為山，八運零正倒置，財丁有損。

3. 屋型為「飛機則」設計，鑽石廳，飛星分佈不均，宅運較難持久平和。

4. 開門見窗，犯「穿射」之弊，家宅氣運不聚，容易財來財去。

建議

1. 部份複式單位（如麗湖居）主人房三尖八角，對宅主嫌不利，尤以健康為甚。

2. 部份單位狹小，可是窗台闊大，切勿移船就磡，睡於窗台之上，亢陽太甚，容易影響睡眠質素。

整體評分

👍 👍 👍 👍 👍 評價 2

```
              地脈 2

坐向 3                 間隔 2.5

              外局 2
```

北區
粉嶺中心
今人最愛大單邊單位，
古人寧願不取。

粉嶺中心

隨著東鐵落馬洲支線通車，西北方「天門」開通（見圖一），中港交往漸趨頻繁，位於北區的上水粉嶺，毗鄰而立，兩站經常並稱，情況理應相近。但各位如果細心觀察，上水的市況和人流遠較粉嶺為旺，這現象如何解釋？若從風水的角度，可以找到答案。

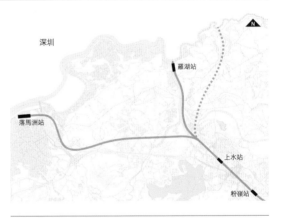

【圖一】風水上，有所謂四隅位，即為東南、西南、西北和東北四個方位，其中東南方為巽方，稱為「人門」；西南方為坤方，稱為「地戶」；西北方為乾方，稱為「天門」；東北方為艮方，稱為「夷門」。東鐵落馬洲站位於上水和粉嶺的西北方，故稱「天門」。「天門」為父為祖，正可印證中港的關係。

上水原為村落，本名「上水村」，多廖姓鄉民聚居，其中新豐路為原土地，至今日依然人流如鯽，可見上水原就適合普通人居住，人丁旺盛；至於粉嶺，上世紀初為軍營，地氣肅殺，為行旅暫居之地，本非作一般民居。現在上水人流較粉嶺為多，實乃地氣使然。

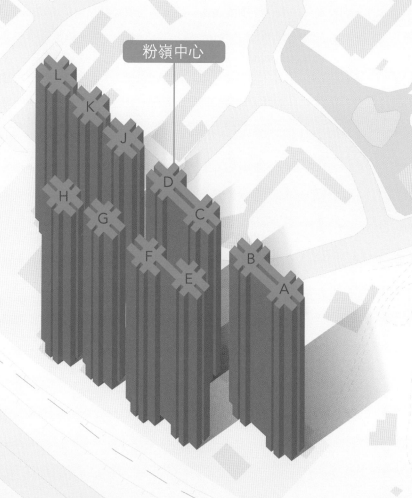

粉嶺中心

物業名稱 粉嶺中心	**地址**	北區粉嶺新運路 33 號
發展商 恆基兆業	**落成年份**	1990 年至 1991 年
座數 11 座	**單位數目**	2200 個

粉嶺中心所在的北區，是繼元朗之後，香港第二大的平原。取名粉嶺，據載出自毗鄰龍山的「五朵芙蓉」第三峰，名為大嶺山，山上的石壁經風化後呈粉狀，稱為「粉壁嶺」，後稱「粉嶺」。早於上世紀初，已被當時的港英政府列作軍營，及至1949年後，隨著聯和墟的開放，才漸多一般民居生活。到八九十年代，香港政府全面發展新界北區，道路配套日趨完善，大型公型房屋及私人屋苑相繼落成，粉嶺中心便是當年的產物，它的前身是粉嶺臨時房屋區。

粉嶺為北大刀岃的東北落脈，北大刀岃山勢硬直，如刀刃豎下，中間並無停頓（見圖二），故山下多廟以化其煞，包括蓬瀛仙館、藏霞精舍，以至基督教的崇謙堂等。

港鐵鐵路則從東南面進入，駛過粉嶺中心南面，再至西面的粉嶺港鐵站，北面為馬會道及新運路一帶。東面為黃崗山，東北面遠處為龍山。

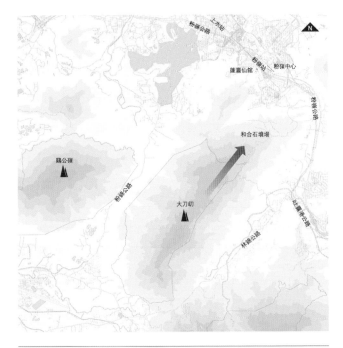

【圖二】粉嶺位處北大刀岃落脈，其勢硬直，毫無停頓，取象刀刃，帶煞象。其地利孤寡之人，故設軍營於此。正如大霧山北麓之觀音山，其勢拔山而起，亦帶煞，故其山下為石岡軍營，情況與粉嶺初年如出一轍。

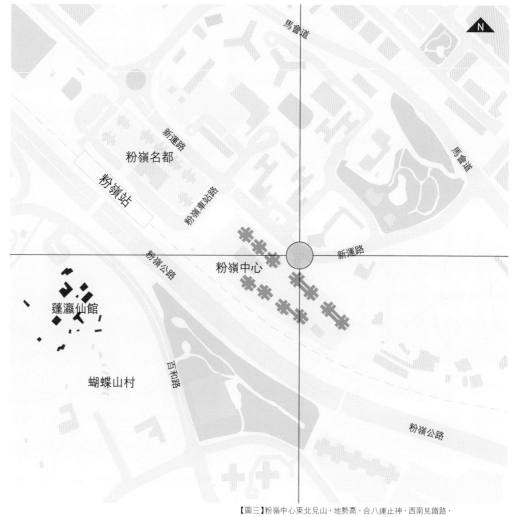

【圖三】粉嶺中心東北見山，地勢高，合八運止神，西南見鐵路，雖無真水，究是低地，勉強合零神，整體合局。

大局

就零正而言，粉嶺中心並無正神，西南面零神雖無真水，但有港鐵站在此方經過，勉強合局，財運較丁運為佳（見圖三）。

整個粉嶺中心只有一個入口，因此這個入口的吉凶尤其吃重。進入粉嶺中心，必須經過從東北面而至的新運路，再經由屋苑門口小路而至（見圖四），此方亦恰在東北來路，風水上為正艮坤向，八運為艮，恰為粉嶺中心注入當元旺氣。

而就排龍而言，粉嶺中心只有一個三叉水，就是位於屋苑入口小路與新運路交界處，按照排龍計算，臨近屋苑門口之樓宇較吉。

【圖四】來路與入口均從東北方而來，合當元旺氣，八運評價不俗。

四神全與大單邊

　　風水是古老相傳之學,其理論之形成起源於古代環境,當環境隨時代不斷變遷,部份理論亦與現代大相逕庭。舉一個例,時人選擇單位,最喜「大單邊」,取其視野不受鄰座阻隔,盡享開揚遠景,並在強調私隱至上的今天,可免被毗鄰窺秘,一舉一動遭受監控……大概各位也聽過不少地產經紀如此介紹,於是,這類大單邊單位往往炙手可熱,售價雖昂,問津者依然大不乏人。可是在風水上,大單邊單位卻非上選,古人寧願不取。

　　古代看風水吉凶,不似現代人只以門向定斷,而是先看大局,大局又以四神全為吉。四神者,屋後有靠山,稱玄武;屋前有明堂,明堂後有山昂頭,稱朱雀;屋左有高山聳峙,名青龍;屋右有矮山低伏,名白虎。此四神,實係呼應天上三垣廿八宿,廿八宿乃指廿八顆星,東南西北四方各配七顆。《易‧繫辭》:「在天成象,在地成形。」它的意

白虎　　青龍
玄武　朱雀

【圖五】四神古代當以見真山真水為貴,唯現在大廈林立,毗鄰有大廈依傍均算合局。

思是,天上的星宿組成形象,地上自有山川形勢呼應,合局者可成大都大市。一地如得四神全(見圖五),則後面左右皆有靠,大局安穩,氣運始會長久。事實上,古人聚居常常長達數百年,造成一些歷經數十代而不衰的名門世家,故古時從不以居於「大單邊」為喜。

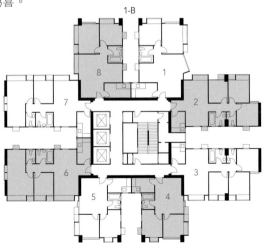

1-B

【圖六】香港大型屋苑「飛機則」普遍,粉嶺中心屋型四正,算難得。

現時樓宇林立，當然少見山水，四神之力較遜；退而求其次，邊傍之大廈亦可權充青龍白虎，力量雖不及真山真水，但總勝於了無空傍。當然，香港人亦以搬屋為閒事，四神全否不以為意，但應知變動之頻仍，其實與環境有關。

以粉嶺中心為例，A座E座H座及L座均屬單邊單位，現時可能售價最高，最多人熱衷，風水上卻正欠缺了青龍白虎，並不及格，常見效應是助力不足，家人易多流散。

而以房屋間隔而言，粉嶺中心由於發展較早，反而未有出現今天「多元化」的圖則，兩房及三房單位悉皆呈正方及長方型（見圖六），此點既符合「實用」、「易擺位」原則，也跟風水上要求四正平穩的理念配合，這是其優點。

此外，粉嶺中心在結構上，介乎飯廳與廚房的牆壁並非主力牆，筆者見過有人將之拆去，改裝成開放式廚房（見圖七），令室內環境看來較寬敞開揚。風水上，這種改法其實弄巧反拙，宅中人往往得不償失，殊不足取。蓋古人認為，廚房是洗污除垢、劏雞殺鴨之地，難免穢物四飛，同時放置了菜刀等利器，暗藏險象，並且不免生火煮食，分佈火種，容易招來祝融，所以古人將廚房置於居室之外，或在天井、或在屋後，就是避免廚房污穢內洩，影響家宅祥和。但時人卻反其道而行，將廚房直通客廳，全然無遮無擋，影響健康，亦令宅中人脾氣暴躁，常為瑣事爭執。

【圖七】廚房宜蔽，避免污穢四溢，開放式廚房卻反其道而行，弄巧反拙。

坐向優劣

粉嶺中心11座皆屬同一坐向，同是東南與西北對向，以及西南與東北對向。

先就前者而言，風水上為巽乾向。凡為坐巽向乾之單位，風水上皆為「入囚」，至於坐西北向東南的單位，雖無「入囚」之弊，但依然犯了飛星上的「連茹卦」，株連全屋，亦屬不可取。

至於西南與東北對向之單位，風水上坤艮向，則以坐西南向東北較吉。蓋現為八運，八為艮，為東北，走艮門可乘當元旺氣，故粉嶺中心以4、5號單位較可取。這種單位雖不旺丁，卻可旺財。

坐東北向西南的單位，則可旺丁，除添丁外，還包括家人和睦和家宅平安等。

優點

1. 入口「食正」當元旺氣，八運氣運佳。

2. 間隔四正，飛星分佈平均，宅運一般較為持久。

3. 廚房對玄關，洗手間對走廊，均非正對客廳，對健康有利。

缺點

1. 粉嶺屬北大刀岀落脈，前身為軍營，帶肅穆之氣，並非每個人皆適合居住。

2. 粉嶺公路在西南面橫過，汽車高速駛過，來去水皆無情，聚財較難。

3. 部份房間狹小，擺放睡床後，不易留下空間作明堂之用，儲財打折扣。

建議

1. 據排龍，臨近入口的D、E、H、J等座較易排得吉龍。

2. 不贊成拆牆改裝成開放式廚房，此舉影響宅中人脾氣及健康。

整體評分

評價3

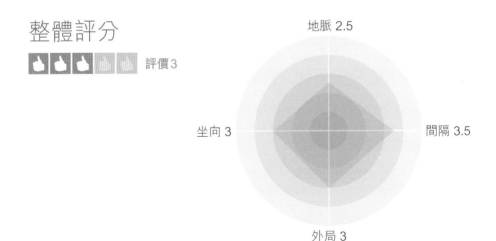

地脈 2.5

坐向 3

間隔 3.5

外局 3

大埔區

大埔中心

大埔中心的夾角窗，
從堪輿角度其實欠妥

大埔中心

許多人都説，香港人買房子，其實買景觀，耗資百萬可能只為一個海景、兩個山景，加上考慮到再售價值（re-sale value），於是窗子愈多愈闊愈好。殊不知在風水上，吉凶另有考量，向南不一定特別好，在一些特定坐向，房間內若多於一爿窗戶，宜關不宜開，景色宜藏不宜揚，這點與年月日飛星的分佈有關，大埔中心正是一例。

大埔中心

1	2
3	
4	
5	6	7	8

15	16
14	17
12	
11	18
19	
9	10

21	20
22	
23	

物業名稱	大埔中心	地址	大埔區
發展商	新鴻基地產	落成年份	1985 年至 1987 年
座數	22 座	單位數目	4080 個

背景

　　大埔，原名大步，又稱大莆。開發得甚早，以往居民多以捕魚及耕種為業，過去與上水之石湖墟及元朗墟鼎足而三。英國租借新界後，大埔成為重點開發對象，上世紀初，大埔火車站落成後，該區更加繁盛。至於現時大埔中心所在地，前身其實是林村通往吐露港的河口，有一片淺灘（見圖一），後將淺灘與汀角路的土地接壤及填平，並且一直向東延伸，成為今天之大埔中心及大埔工業村一帶，故大埔中心為填海而來的土地。

▲【圖一】五十年代大埔原貌，圖左橫亙之橋為廣福橋，中為林村河，河旁淺灘後經填平，八十年代建成大埔中心。

▶【圖二】紫禁城金水河流經左面之武英殿，及右面之文華殿，最後在東南方巽宮消去。

▼【圖三】金水河曲折迴環之態，仿佛不捨而去。

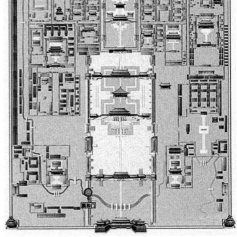

【圖四】香港凡經人工拉直之河流，皆橫亘而過，林村河、城門河及屯門河莫不如是，忽略了風水吉應的要求。

大局

　　大埔中心位於林村河兩岸，1-19座位於北岸，第20-23座坐落南岸。無論南北，大埔中心皆面臨林村河，唯此河已被拉直，反跟風水上吉應的要求背道而馳。

　　從堪輿的角度，一地凡有河流流經，河流宜屈曲不宜直沖，房子被河流懷抱，吉於被河流反弓，以北京故宮的金水河為例（見圖二），從西面流經武英殿前，形態婉曲而呈環抱狀，透迤而來，一直流至文華殿後始向東南消退，九曲十三彎（見圖三），彷彿不捨而去。如此方為有情有意，堪稱為吉水。可是，林村河在大埔中

心面前橫瀉而過，毫無緩沖停頓（見圖四），有時暴雨過後，河水太急，更見漂盪。河流太沖大直，見諸風水的效應，是家中人經常流走在外，各自奔忙，相聚時間較少。風水喜雍聚不喜散渙，因此並非見水即吉，尚須一定條件配合。

　　以形勢言，大埔中心南北有別，若家中有人尚在求學，祈求讀書順利，或工作性質宜聲名外揚，廣為人知，則北岸較南岸為佳。因為若以北岸為坐標，林村河及其支流在其東南方匯合（見圖五），再流出吐露港，風水上，東南方屬巽宮，巽為文昌，利科名，大埔中心此方恰為三叉水（兩河交匯之處），帶動象，故於此動氣對讀書及科名有利，讀者可以備忘。

　　儘管大埔中心為數多達22座，所有單位皆為南北對向與東面對向，以風水說法而言，為七運樓，子午向及卯酉正向。

【圖五】支流與林村河匯合於東南方，再流出吐露港。風水上為巽方，此方動氣，如形態不惡，一般有利文昌，享譽百年的英皇書院即屬此例，詳情可參考「寶翠園」一章。

窗戶須合度　不以多為貴

　　大埔中心的屋向及室內間隔，正出現「夾角窗」的情況。風水上，「夾角窗」(見圖六)視為不吉。

　　凡南北向或東西向等風水上稱為正向之樓宇，如房間內設有兩扇窗，並分別置於兩堵相連的牆上，統稱為「夾角窗」。

　　讀者即使沒有研習風水，也可能道聽途說，聽過玄空飛星一詞。它是根據屋運及坐向，按照既定規則及軌跡，排出飛星盤，此謂之天盤；此外，另有根據流年，流月、流日排出之流盤。於斷宅時，以天盤為本，流盤為參，始可全面演論。

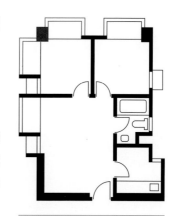

【圖六】凡南北正向單位，窗戶如分別設於兩堵牆上，即犯「夾角窗」之弊，讀者可自行按圖索驥。

　　根據飛星軌跡，凡正向之單位，又有夾角窗之設計，逢七入中，必然會出現2、5飛臨正南及正東方窗口上，窗口為納氣之方，故為動氣之位。風水經籍《紫白訣》：「二五交加，罹死亡並生疾病」；《玄空秘本》又謂：「二五重逢必損主」。

　　根據流盤，最頻密可以每九天、甚至每九個時辰飛臨一次。當然，正如書首前置部份所言，古代術數書往往將效應極端化，把話說得很盡，警惕世人勿犯此禁。但我們亦不可掉以輕心，有時現實情況雖未至於「罹死亡生疾病」，但2、5重逢的確可帶來不良效應，影響有輕有重，此點不可不知。

　　解救之道，須將其中一爿窗戶封閉，避免2、5飛動。至於應關掉那爿窗，情況因屋而異，可請教有經驗術師。

　　相同情況，亦通用於以正向(南北坐向及東西坐向)，並於房間設有「夾角窗」的單位，港島藍籌屋苑太古城正是一例(見圖七)，其他相同情況，讀者可自行檢閱。

　　以論大局之零正而言，林村河以北之大埔中心較佳。

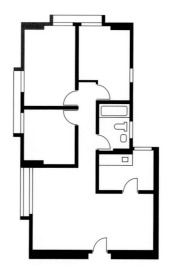

【圖七】太古城亦屬正向，窗戶分佈也相似，是為七運正向單位的美中不足。

坐向優劣

大埔中心建於上世紀80年代中期，風水上為七運樓。

雖然共分6期，唯各期所有之A、H、E、D單位悉為坐北向南或坐南向北，，風水上，前者為子山午向，後者為午山子向。

子山午向為雙星到山，主旺丁；午山子向為雙星到向，主旺財，屋形亦合，唯不論坐北向南，或者坐南向北，七運（1984-2003）過後，家中爭執較多，宜多加注意。

此外，各期所有之B、C、F、G單位悉為坐東向西或坐西向東，風水上，前者為卯山酉向，後者為酉山卯向。

七運東西對向之單位相當有利，不論坐東向西，或者坐西向東，均屬到山到向，主丁財俱佳，尤以坐西向東單位為甚，因其東面為吐露港，屬七運零神所在，1984-2003年期間大旺，唯有兩點必須注意：

（一）平常須將大門正對尾房之房門關上，避免洩氣，破壞原局結構；

（二）現已踏入八運，七運當元已過，儘管其氣運仍在，論生旺始終略打折扣。

有一點備忘，大埔中心第八座D、E座直對安泰路（見圖八），風水上，凡大路到住宅成一直線為沖，視為欠吉，稱為「槍煞」，亦稱「暗箭煞」。名稱不重要，重點是道路直沖而來，力量較猛，對陽宅稍嫌不利（卻大利於廟宇教堂等建築物）。據本派排龍，凡馬路直沖，必定排得破軍龍，除某些行業性質如修車房等有利外，一般對宅中人構成壞影響，詳情須視直沖方位之飛星而定。幸而第八座前橫亙矮糟將力量稍卸，影響不致太大。唯讀者選擇其他樓宇時，宜多觀察備忘。

【圖八】安泰路雖直沖第八座D、E座單位，唯門前有矮坡，亦非直抵大門，故其害得以減輕，但如情況相反，無遮無擋，吉凶亦逆轉。

就間隔而言，大埔中心第一期，悉數為兩房單位，是最典型的眼鏡房設計，兩房並列，大小相若。凡屬此類間隔，也須注意兩點：

（一）一般而言，兩房的睡床須向同一方向（見圖九）；不宜相背（見圖十），否則容易爭執。

（二）若家中有小孩正在求學，宜居於左面房間，有利學業進步

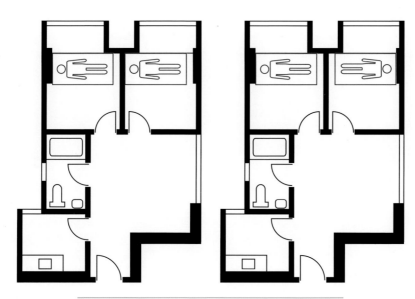

【圖九（左）/圖十（右）】　兩房睡床宜同一方向，避免相沖，影響彼此關係。

優點

1. 座向四正,尤其東西對向單位,七運旺丁旺財,至今仍猶有餘力。

2. 單位間隔四正,飛星分佈平均,宅運一般可較長久平和。

3. 林村河以北的大埔中心,得東南方三叉水之氣,一般較利讀書。

缺點

1. 建於填海地上,原土地地氣不足,稍嫌不利人丁。

2. 部份單位狹小,擺放睡床後,不容易留下空間作明堂之用。

3. 面朝之林村河,橫亘而過,太直太平,來水去水俱無情。

建議

1. 七運南北向單位,家人易為小事爭執,宜忍讓為上。

2. 廁所正對客廳,對健康不利,宜設活門,可隨時關上。

3. 有部份單位,開門直穿尾房大窗,宜拉上窗簾或經常關上大門,否則犯洩漏之弊(詳情可參考麗港城一節)。

整體評分

評價3.5

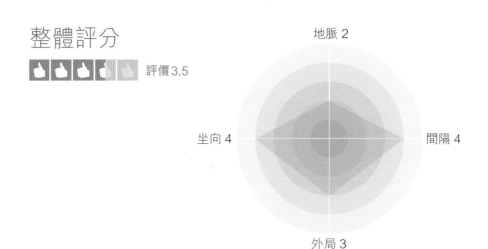

地脈 2

坐向 4

間隔 4

外局 3

沙田區

沙田第一城

前臨的城門河太速太直，
藏聚不足

沙田第一城

今日，許多人看風水，都以坐向為本，再依據元運，起出飛星盤，以此論斷一宅之吉凶。飛星固然重要，推斷細節時不可忽略，可是若飛星就是一切，以沙田第一城為例，52座幢幢坐向相同，豈非逾萬個單位的風水都一樣？道理上顯然說不過去。沙田第一城分為七期，興建之元運、道路之走向各有不同，臨岸臨馬路亦有出入，故其風水不可一概而論。

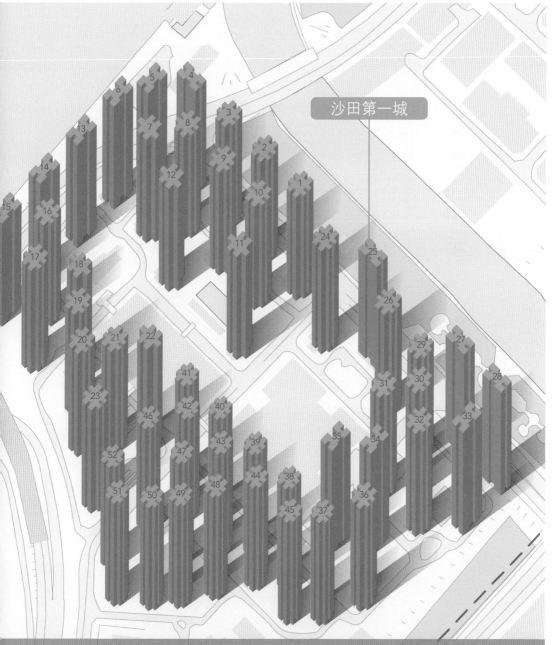

沙田第一城

物業名稱	沙田第一城	**地區**	沙田區
發展商	長江實業 / 新鴻基地產 / 新世界發展 / 恆基兆業	**落成年份**	1981 年至 1987 年
座數	52 座	**單位數目**	10642 個

背景

　　今日的沙田，原為荒蕪之地，滿佈荊棘，本叫棘源，後改名瀝源，而沙田原是瀝源內最大的村落，最後以沙田名之。居民多以務農為業（見圖一），及至1910年九港鐵路通車，沙田市況才大幅改變。沙田原貌與今天分別極大，城門河本極多彎曲折（見圖二），河口開闊動盪，是不折不扣的「水大無收」之局，因此沙田一直發展不大。及至60年代，城門河進行大規模的平整工程，將兩岸拉直，沙田才有長足發展，唯卻嫌城門河太沖太直，藏聚不足，故僅止於小康，而沙田第一城即建於東南岸的填海地上。

【圖一】沙田原為務農之地，阡陌處處。遠景為其時尚未開拓之馬鞍山。

【圖二】未經拉直前之城門河原貌，黑線為現今之城門河，黑點為現今之沙田第一城。

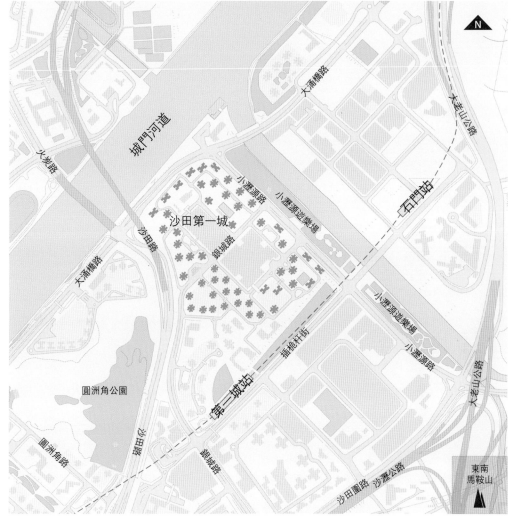

【圖三】城門河與支流匯聚於沙田第一城東北方，得乘八運當元旺氣，大局短期仍可看好。

大局

　　沙田第一城位處城門河東南面，背靠東南面的馬鞍山，四周被大埔公路、沙田路及插桅杆路包圍，而在近小瀝源遊樂場有一條支流，從東面流向北面，匯聚於城門河（見圖三）。在七運的時候（1984-2003），北方及東方均為零神方，現皆見水，故在當時風水中吉，在沙田東南區而言，算是較可取之地。

　　如前所述，踏入八運，東面及北面仍為零神，尚吉，唯東北面艮方為正神，本應有山，現卻為三叉水，難免大打折扣。正神為山管人丁，這種局面下，家人往往早出晚歸，平時難得聚首。正神對面為零神，沙田路從西南面而來，正好合局，故財運仍不俗，小康可期。整體而言，沙田第一城是一個旺財不旺丁之局。

　　至於毗鄰之濱景、翠湖及碧濤花園一帶，雖僅一街之隔，周遭卻被城門河及大埔公園圍繞，利商業不利住宅，整體仍以沙田第一城較吉。

坐向相同　風水不盡相同

　　回應篇首，沙田第一城各座基本坐向一致，悉為東南與西北對向，風水上為乾巽向；或西南與東北對向，風水上為艮坤向。若全以坐向擬定飛星盤，沙田第一城逾萬個單位只有四個盤，分別是乾山巽向和巽山乾向；以及艮山坤向和坤山艮向，這樣簡單的二分法儘管沒有錯，可是卻失之粗疏，要判定吉凶，恐怕說服力不太足夠。

　　的確，寓居沙田第一城的居民，也不見得他們的窮通得失非此即彼，境況會異常接近。這情況有點像十二星座，全球七十億的人口只有十二種性格和行為，太簡單的分類，是否把頭腦都看得太簡單了？

　　因此，筆者師傳從不僅以門向斷事，亦須多考量外局形勢，包括道路走向和十字路口的位置，尤其後者，風水上稱為三叉水，視之為氣聚之處，住宅單位與三叉水構成之角度，吉凶關係殊大，本派稱之為排龍，同一坐向，盛衰可以各異。

　　各位可有留意，兩間商舖座落同一街道，同一坐向，同一元運落成，生意往往分別極大，若不以排龍分析，單憑坐向無法可斷。舉一個例，座落灣仔莊士敦道的福臨門（見圖四），收費雖昂，天天其門如市，門口仿如名車展，捧場客不乏名人巨賈，可是數舖之隔的燒　店，生意卻相距甚遠，近來甚至結業收場，分別正在於排龍不同。這樣才可以解釋即使各個單位的坐向和元運相同，吉凶也可各異，有人飛黃騰達，有人落泊失意，下文論及之沙田第一城，雖以坐向主導，亦採排龍為據。

【圖四】同處同一街道，福臨門獨旺，毗鄰商店明顯不如，可見排龍之力。

坐向優劣

第一期至第三期（第1-33座）

　　落成於六運後期，單位由一梯四伙至八伙不等，分為西北與東南對向（乾巽向），以及東北與西南對向（艮坤向）兩種。

　　先就前者而言，若坐東南向西北，雖然雙星到向，理應旺財，卻於七運「入囚」。沙田第一城第一至第三期落成於六運末期（1981-1983），距七運最多不到三年，氣運更短，現雖踏入八運，未算「入囚」，但雙星之六運，屬完全衰死之氣，力量更弱，尚幸大局不俗，局面勉強維持。

　　至於坐西北向東南之單位，則為雙星到山之局，雖不旺財，卻可旺丁，唯同樣現已退氣，力量亦不大。

　　現在八運乾巽屬旺向，讀者可考慮進行大裝修，改為八運樓，到山到向，但到下個元運「入囚」性質不變。

　　至於艮坤向單位，情況較好。

　　大門向東北的單位，氣運為六十年，較西北向的單位為長。這類單位入伙時為到山到向之局，財丁俱旺，進財順暢，而且家人關係融洽，而儘管不久踏入七運，卻由於飛星軌跡，沒有「入囚」的大問題，加上去六運仍未遠，餘力猶在，尚屬可取。現在八運，部份單位得當元運星飛臨客廳大窗或在廚房之上，旺星得用，算中吉之局。而大門向西南的單位，氣運更長，情況大致與向東北的單位相同。

　　這類艮坤向的單位，情況與乾巽向的單位相反，除非得專人指點佈局，現時並不適合進行大裝修，否則會適得其反，吉反成凶。當然，樓宇畢竟屬於六運樓，到現在難免陳舊，部份裝修以至喉管等亦會老化，若非進行大裝修不可，建議分開不同階段進行，以免樓宇變成八運樓，弄巧反拙。

【圖五】得基街一路直沖，門前並無阻隔，稍嫌不利，尚幸得基街為內街，交通不算繁忙，算是小幸。

至於第1期至第3期個別單位，有幾點備忘：

（一）以排龍計，第18、22、29及31座較易排得吉龍。

（二）從道路走向而言，第5、6、13、14、15座較佳，配合當元旺氣。

（三）第1期第5座A單位，面向得基街一路直沖（見圖五），風水上稱之為「槍煞」，略無遮擋，飛星不配，宅運容易上落較大，愈低層影響愈大，宜栽種植物或落簾趨避。

第四期至第七期（第34至52座）

建於1985以後，屬七運樓。

坐東南向西北之單位，風水上為巽乾向，於七運為劣配，「上山下水」，而且房子屬「連茹卦」（取詩經《邶風》篇「拔茅連茹」之意），通盤飛星俱劣，株連全屋，意象不吉；踏入八運，馬上「入囚」，應旺不旺。

坐西北向東南的單位，雖無「入囚」之弊，仍屬「上山下水」，更是五黃煞到門，火上加油。五黃為廉貞星，屬風水九星中的煞星，除在個別情況得用為吉外，一般泛指災禍、病符及損傷，《紫白訣》云：「運如已退，廉貞飛處不一，總以避為良。」臨門卻避無可避，如當年恰為太歲以至三煞、力士同臨，破壞力更大。

至於向東北或西南的單位，根據飛星盤，則為雙星到山或雙星到向之局，雖可旺丁或旺財，唯缺點是未能兩相兼顧，顧此而失彼；此外，引發爭執的火苗處處，部份單位與廚房重疊，家中人脾氣容易一發不可收拾。

若再加以細分，向西南的單位較佳，一四臨門，如果佈置得當，有利家中人聲名遠揚，學生讀書則容易名列前茅，學業進度理想。

現在八運，此類單位與乾巽向單位相反，除非得專人指點，否則不適宜進行大裝修，情況一如第一至第三期艮坤向相同，以輕微改動為佳。

至於第4期至第7期個別單位，有幾點備忘：

（一）以排龍計，第37、41、46及48座較易排得吉龍。

（二）從道路走向而言，第41、46、52座較佳，配合當元旺氣。

（三）並無出現一路直沖的「槍煞」單位，宅運一般較平穩。

「火燒心」 影響脾性健康

在房屋間隔方面，沙田第一城悉為兩房及三房大單位。兩房單位為典型「眼鏡房」設計，值得一提的是，第一期7座、11及12座部份單位，第二期22座，廚房設於房子中央，面向大廳，風水上稱之為「火燒心」（見圖六），是為不吉之象。廚房如果經常生火煮食，會影響宅中人脾氣，容易為瑣事爭吵，損害家人感情，甚或對健康產生不良影響，後果可大可小。化解方法，請參閱「綠楊新邨」一節。

1-7,11,12

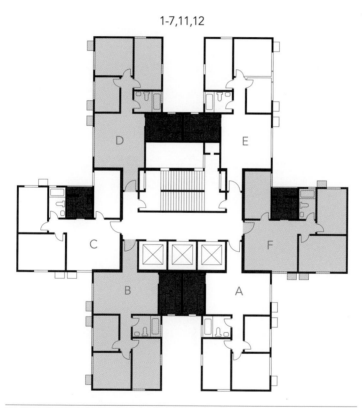

【圖六】沙田第一城各單位間隔不一，其中以火燒心設計最遭詬病，影響宅中人脾性及健康，毫不足取。

優點

1. 零神方有水，正神方無山，旺財不旺丁。

2. 三叉水在東北方，得乘八運當元之氣，大局恰當。

3. 單位間隔四正，飛星分佈平均，宅運一般可較長久平和。

缺點

1. 部份單位狹小，擺放睡床後，不容易留下空間作明堂之用，聚財較難。

2. 部份單位「火燒心」，僅合「無飯夫婦」，經常開灶煮食者，宜進行改裝拆建，否則健康易有損。

建議

1. 部份單位為典型眼鏡房設計，注意睡床擺設，避免相反方向，造成相沖。

2. 沙田第一城座座坐向相同，最大分別在於排龍，宜選擇臨近路口的單位，較易排得吉龍。

整體評分

評價3.5

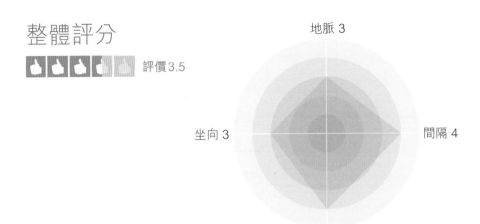

地脈 3

間隔 4

外局 4

坐向 3

西貢區

新都城

家宅改運有規有矩，
豈可換個煮食爐了事？

新都城

相信各位偶有所聞，風水上有所謂家宅改運之法，如將七運樓（1984-2003）改成八運樓（2004-2023）。此法固有所本，但有兩點必須注意：一，並非所有樓宇適宜改運，有時不改好過改；二，如何改運必有所據，不可輕率隨便，更不可誤信讒言。就新都城而言，它是適合改運的樓宇，改前改後分別可以極大，至於如何改運，請參閱下文。

新都城第二期

新都城第三期

新都城第一期

物業名稱	新都城	地區	西貢區將軍澳寶林
發展商	恆基兆業	落成年份	1996 年至 2000 年
座數	21 座	單位數目	6768 個

背景

　　將軍澳的名稱來源不一，一說是明朝時有將軍駐守此地，打擊走私勾當，一說是清末之際，該地名為 Junk Bay，故譯為將軍澳。筆者以為後說較為可靠，因為將軍澳古名「東口」，河面廣闊（見圖一及圖二），每多帆船出沒，故名之 Junk Bay。上世紀六十年代，港府在將軍澳魷魚灣進行填海，同時拓展清水灣道，連接坑口及清水灣一帶。到八十年代，寶林道及將軍澳隧道相繼開通，將軍澳正式與市區接軌，發展到今天，已經是一個住滿40萬人的新市鎮。

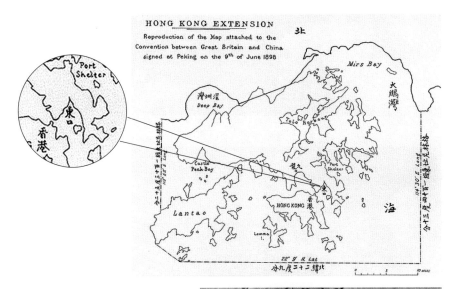

▲【圖一】1898年香港之地圖，注意現時之將軍澳海岸線與原貌相去相遠。

▼【圖二】也是1898年將軍澳地圖，注意此地圖南北對調，圖上北之Port Shelter為今之筲箕灣、愛秩序灣等地。

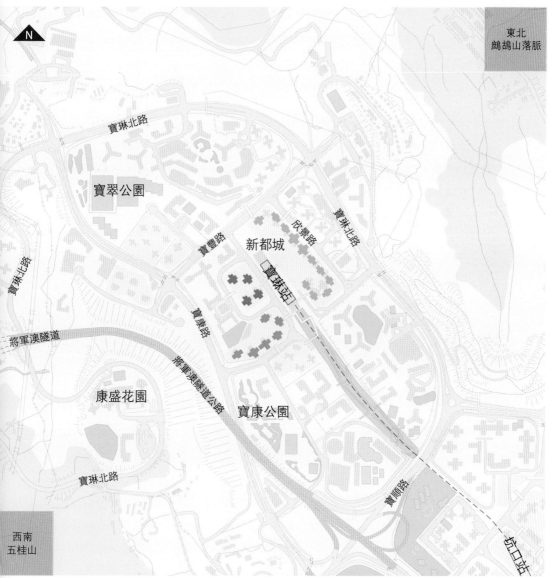

【圖三】新都城二面圍山，且原為農地，外局環境略嫌不足。

大局

　　新都城位處港鐵寶琳站旁，整個寶琳的樓宇都是東北對西南對向，三面圍山，東北面為鷓鴣山落脈，一直蜿蜒至鰂魚灣村附近，正神有山，原應旺丁；西南面則為五桂山至康盛花園等地，僅東南面望空，接駁港鐵坑口站。可是，整個寶琳區為山谷之地（見圖三），而且原為農地，後雖經填平建樓，稠濕地氣仍在，利商業不利民居。而且，八運西南面須見水，新都城位置卻見山，容易財運不展，聚富較難。

言者無知　信者無辜

　　近年來，坊間出現一種説法，説將宅運*更改，只須將家中的煮食爐換掉便可，輕鬆得猶如更換衣服。恕筆者孤陋寡聞，如此做法從未見於師傅，而且以常識想想，也覺離奇過小説。

　　任誰都知道，煮食爐不過尋常家電，每種家電都有壽命（life cycle），一個煮食爐，爐頭會銹蝕、喉管會老化、駁口會鬆脱，如果換煮食爐會更改屋運，難道有人七運時居所風水大吉，到八運時煮食爐損耗，為這為那原因壞掉，都不可以更換？一家人退化做原始人，燒柴生火不成？又或者忍無可忍下，將煮食爐換掉，宅運會馬上急轉直下，家人融洽變得不融洽，進財順利變得波折重重？這些説法，明顯是對常識的挑釁。穿鑿附會，莫此為甚。

　　但最吊詭的是，如此反智理論竟然也有市場，筆者不止一次，親耳聽聞或在網上得悉，房子改運之法甚為簡單，將煮食爐換掉即可云云，有人會全盤接受，絲毫不覺有誤，還説多謝賜教。

　　吓…？

　　要將屋宇改運，風水上稱天心正運，做法上儘管各門各派或偶有出入，步驟雖嫌煩瑣，原委合情合理，總不會簡單至此，換個爐頭完事。試想想，某宅建於七運，經歷二十年歲月，宅內一事一情一物都在七運內氳氤彌漫，為時不可説短；踏入八運，要將屋運更改，把沉澱多年的氛圍更新，豈可在一時三刻內發生？就如一個人二十年的經歷和感受，怎可能一天換件衣服便褪掉？別忘了，二十年只是最起碼的年資，一些戰前戰後的樓宇怎算？室內一樑一柱幾乎都是古董，彌留著半世紀的餘韻，卻只因一件尋常家具的更換便可一筆抹煞，過去的日子都豈非白活？怎會有這樣的道理。

　　尚有其他「新穎」建議，什麼玻璃音樂盒、米奇老鼠公仔之類……算把啦！

---

*風水上，一幢樓建於何年，便以該年所屬之元運名之。

天心正運　改法有據

我們要向前望，也要尊重歷史。古人的房子改運是這樣的：

顧名思義，天心正運重點在天心。「天心」者，就是房子的中心頂部，當時一般的房子屋頂都是瓦鋪的，要改天心，須把整座房子中宮部份瓦頂揭開，任由陽光直接照射進內，並把室內窗戶敞開，足足七七四十九天，讓房子「換氣」，屋內人亦要遷往別處，時限屆滿後，重新在屋頂鋪上瓦磚，並且將家居徹底粉刷，然後才另擇吉日遷入，房子當係其時所屬元運，改運乃成。

時至今日，建築材料已經由磚瓦變成鋼筋水泥，進行天心改運，當然不可拘於古法，但含義不減，亦不應減省。其做法如下：

先從房子中央的天花部份著手，若是一般漆油批盪，須將之「劖灰」；若是假天花，須將之拆走，目的是把過往的天心移除，同時將全屋的窗戶，包括客廳飯廳及房間等更換，大門亦要拆去及重新購置和裝上（見圖四），屋中央天心亦需再次粉飾，內部最好重新粉刷，家人不免也要全部遷出，讓房子丟空四十九天，不要拉上窗簾，讓日光照射進內，予其充份「換氣」，房子才可吐故納新，成為當元樓宇。待時限屆滿再擇日遷入，這樣才算天心改運。

【圖四】要進行天心改運，重新粉飾天花，換門換窗必不可少，豈可只換個煮食爐了事。

坐向優劣

新都城絕大部份單位均屬同一坐向，皆東南與西北對向，以及西南與東北對向。

第一期

第1-3座和第6座間隔四正，屋形呈正或長方形（見圖五）；第4座及第5座部份單位卻為「飛機則」（見圖六），面積雖大，卻不為美。風水上，屋型四正遠較「飛機則」可取，宅運一般較長久平和。

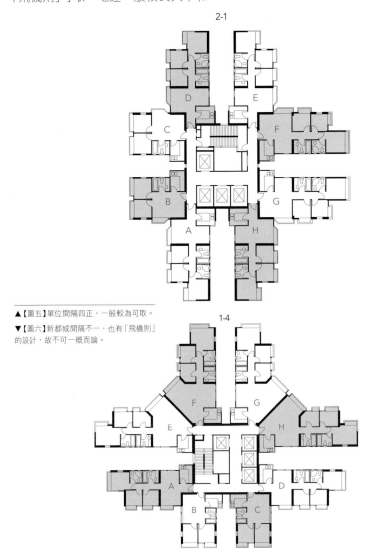

2-1

1-4

▲【圖五】單位間隔四正，一般較為可取。

▼【圖六】新都城間隔不一，也有「飛機則」的設計，故不可一概而論。

而若以座向言，為東南與西北對向之單位，風水上為巳亥向。若單位為坐東南向西北，皆為「入囚」，亦為「上山下水」及「連茹卦」，飛星劣配株連全屋，屋運打了折扣。

至於坐西北向東南之單位，氣運雖較長，但「上山下水」和「連茹卦」不變，亦屬不太理想。

可是，八運巳亥向到山到向，旺丁旺財，房子若經「天心改運」，局面分別極大。當然，現在已經踏入八運中期，距九運僅約十年，屆時又犯「入囚」之弊。

至於西南與東北對向單位，風水上為寅申向，為雙星到山及雙星到向之局，主旺丁或旺財，唯亦只可得一。其中又以坐寅向申者較佳，一四文昌臨門，利讀書科名。

第二期

全期共11座，1-3座及6-11座坐向與第一期相同，可參考上文，而第4及第5座則為「飛機則」，坐向亦有不同，為東西與南北對向，風水上為卯酉向及子午向，前者到山到向，原應旺丁旺財，唯屋形不合，未竟全功。至於後者則雙星到山或雙星到向，雖可旺丁或旺財，亦由於同樣原因打折，實屬可惜，屋形之重要，可見一斑！各位選宅時，切勿掉以輕心。

第三期

名為「都會豪庭」，全期屋形與坐向一致，並無「飛機則」。吉凶可參考上文同屬「四正」則之短評。

優點

1. 寶琳站位於第一及第三期東北方，為八運動氣之位，當時得令，做事一般較順遂。

2. 部份單位間隔四正，飛星分佈平均，宅運一般可較長久平和。

缺點

1. 部分屋型為「飛機則」設計，鑽石廳，飛星分佈不均，宅運較難持久平和。

2. 部份單位狹小，擺放睡床後，不容易留下空間作明堂之用。

3. 單位開門見窗，犯「穿射」之弊，家宅氣運不聚，容易財來財去。

建議

1. 部份兩房單位，為典型眼鏡房設計，留意睡床擺放，方向宜一致，避免相沖。

2. 東南與西北對向的單位，可考慮天心改運，前後分別明顯。

整體評分

評價2.5

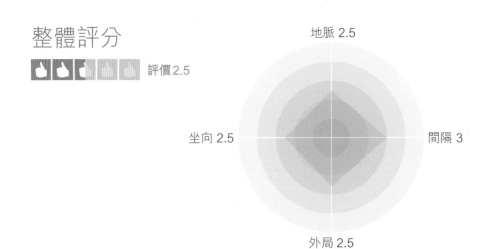

地脈 2.5

坐向 2.5

間隔 3

外局 2.5

離島區

映灣園

僻處地脈邊陲，
份屬行旅，家裡人丁不聚

映灣園

你以為用顯微鏡可以看到天空全景嗎？如果不可以，單以一屋一宅的門向，也不足以概論全宅吉凶，鉅細無遺。事實上，風水既看細節，也關乎整體的考衡。它重視龍砂水穴的分佈，來龍去脈的軌跡，古代術師不辭千里，走遍荒山野嶺，只為宏觀大局，辨清形勢，才可尋龍點穴，龍始真穴始的。映灣園所在的東涌，正屬於風水上大局所謂之開帳，用以拱護龍穴，開帳和龍穴的重要性不可同日而語。

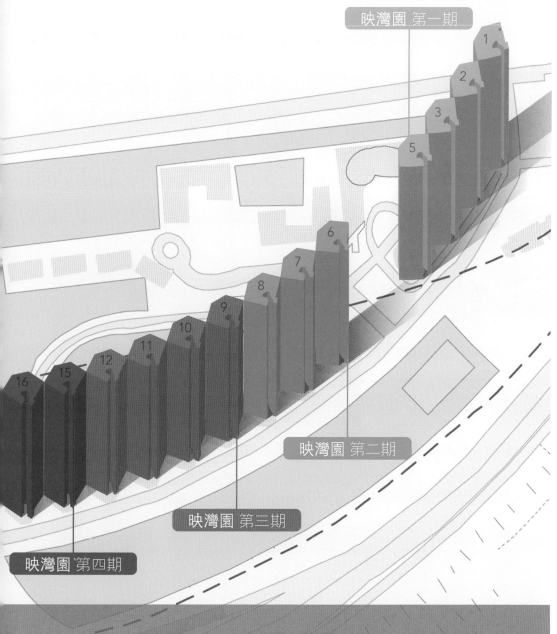

映灣園 第一期

映灣園 第二期

映灣園 第三期

映灣園 第四期

物業名稱	映灣園	地址	離島區東涌
發展商	長江實業 / 和記黃埔 / 香港鐵路	落成年份	2002 年至 2011 年
座數	13 座	單位數目	5280 個

東涌，原名東西涌，後以東面涌流較大，改名東涌。它屬於大嶼山上遠古的村落，早於清朝嘉慶年間（1760-1820）已於島上設置大砲，作為外來船隻進入中國南端的捍衛，具有戰略地位。多年來，東涌一直保持原貌（見圖一），由於臨近海邊，居民多以捕魚為生。及至上世紀九十年代，東涌才猝然變天。今日的興旺，一方面當然由於香港機場核心計劃的啟動，另一方面，很大程度仰賴機場鐵路從東北而來的效應。

【圖一】東涌舊貌，新機場為這片百年漁村帶來嶄新氣象，變化可謂翻天覆地。

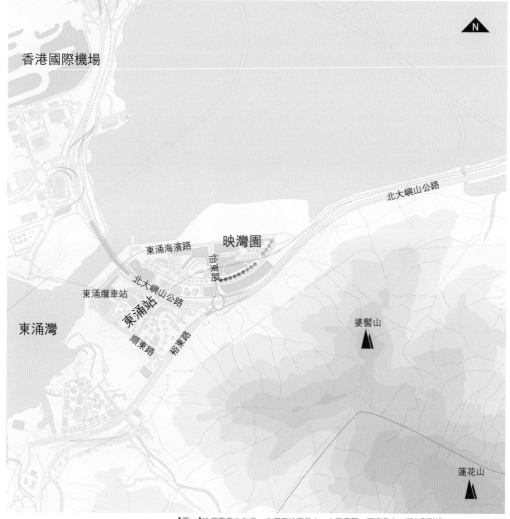

香港國際機場

北大嶼山公路

東涌海濱路　映灣園

怡東路

北大嶼山公路

東涌纜車站

東涌站

東涌灣

順東路　裕東路

婆髻山

蓮花山

【圖二】映灣園東北為海，八運正神不見山，人丁不聚；西南見水，卻有利財祿。

大局

　　映灣園位於東涌東面，北面為南中國海，北大嶼山公路從東北面而來，東面及南面為蓮花山，西南面遠方為東涌灣，西北面則為赤鱲角機場。八運正神在東北，南中國海臨映灣園此方，正神應見山現卻見水，謂之山星「反吟」，主人丁有損，家人不聚，居住情況並不穩定，故此難怪映灣園因鄰近機場，備受機組人員垂青，或買或租；寓居於此，卻又經常「飛來飛去」，在家時間不長，此正是一應。尤幸映灣園位處東涌頭段，迎來北大嶼山公路的東北來氣，得旺氣入門，而且貫穿映灣園內之文東路，俱為東北與西南走向，亦為八運旺氣，皆屬可取。

　　至於八運零神在西南，東涌灣正在映灣園的此方，正屬零神見水，故主財運得利，進財較易。而且10餘年後踏入九運（2024-2043）正神在北，零神在南，恰好與映灣園合局（見圖二），屆時又會有一番新氣象。

當元旺氣　超長路遠而至

　　時值八運，當元旺氣在東北。翻閱地圖，港鐵機場線由中環出發，途經青衣後，鐵路一直從東北延伸而至，貫通馬灣，經過大嶼山東北面，連同北大嶼山公路跨越半個大嶼山抵達東涌（見圖三），帶當時得令之氣超遠而來，旺氣綿長，給東涌注入強大動力，八運屬艮卦，艮卦其中一個兆象乃是旺人丁，令東涌人氣大旺。各位不妨回想，機場鐵路及北大嶼山公路開通之前，東涌是如何模樣？由一個寂寂無聞，渺無人煙的漁村，一躍而成近十萬人聚居的新都會。可以大膽推斷，如北大公路並非從東北而來，東涌亦難有如此盛況。事實上，八運艮方來路的吉應，全港不只東涌一例，今日局面一新的地區，皆與風水當元因素有關。

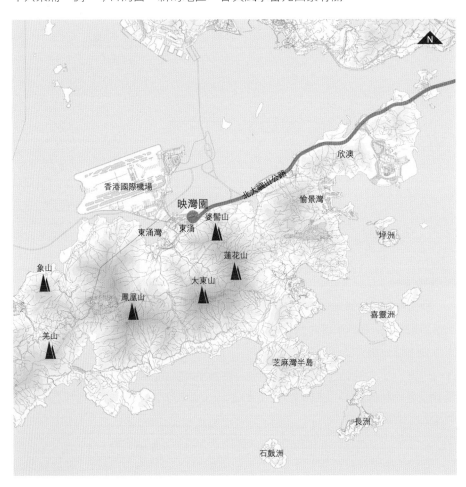

【圖三】八運旺氣超遠而來，東涌可算得天獨厚，造就今日盛況。

地處「開帳」　份屬護衞

堪輿上，龍穴後之靠山稱為玄武山，也稱少祖山，少祖山又從祖山而來，而在兩山之間所衍生出的支脈，稱之為「帳」（見圖四），一如行軍在外駐紮的帳幕，不在皇城中央。從風水的角度，這些「帳」用於拱護龍穴。形象化一點的説法，就是皇帝身旁的侍衞，「行就行先，企就企兩邊」，本質從傭。

以香港為例，龍穴就是舊港督府所在，中環一帶理所當然是香港的核心，由此向外延伸（見圖五），地理位置愈向外移，重要性相對愈低。大嶼山位於香港的最外圍，官階自然低微，你總難想像，一個去到「山旯旮」咁遠的行旅，即使居住的方向跟皇帝相同，地位和待遇也會一樣吧？

太祖少祖山圖式

太祖

少祖

【圖四】取自《地理人子須知》，太祖與少祖之間為衍生出來之脈，風水上稱之為帳。

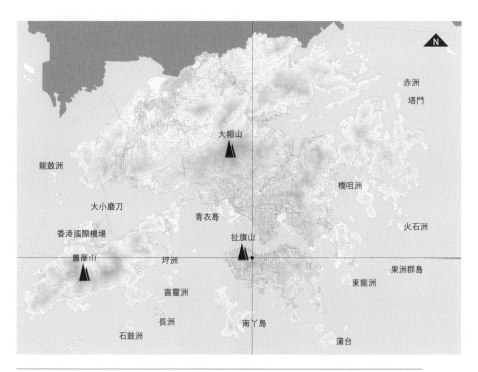

N

赤洲
塔門
大帽山
龍鼓洲
橋咀洲
大小磨刀
火石洲
青衣島
香港國際機場
扯旗山
鳳凰山
坪洲
果洲群島
東龍洲
喜靈洲
長洲
南丫島
石鼓洲
蒲台

【圖五】香港以維港兩旁為核心，一直向外延伸，愈向外移，重要性愈低，大嶼山份屬最外圍，大局既成，非風水可改。

因此，我們不能單以屋向判斷一宅之吉凶，必須了解大局形勢分佈，府上在核心還是在外圍？

　　東涌僻處大嶼山一隅，對外再無屏障，因此發展一直不大，到八運得乘一時的殊遇，「食正」當元旺氣，才有今天的興旺，然而，若以為寓居東涌可以跟港島中相提並論，卻難免流於不設實際。這是無可改變的現實，風水非萬能又是一例。

【圖六】住宅見海不一定吉，尚須其他條件配合，尚幸映灣園得兜收，算聚財。

　　不過，地運原本如此，映灣園非戰之罪，重要的是了解地氣本質。況且，從樂觀一面看，它面乘東北當元迢遠之氣，屋苑來路又是東北與西南對向，總算當時得令，部份屋向亦合局，餘者視乎是否懂得選擇而已。

　　值得一提的是，映灣園臨海而建，高層海景單位出現「割腳水」之情況（詳情可參考「海怡半島」一章），風水上視為不吉，故低層反而較佳，幸而遠景未算「水大無收」之局，得屯門及新機場作其兜收（見圖六），尚算合度。

間隔多元化　宜細心選擇

　　映灣園樓宇呈鑽石型（見圖七），一梯八伙，如此不規則屋型，風水上並不視之為吉格。蓋中國人重視平衡中和，屋型亦然，因此自古以來，各地建築形制雖略有差別，但儘以平方四正為絕大多數（至於福建的土樓，則有其獨特的地理及防衛原因）。由是之故，只要排龍及坐向合度，古人生活較現代人安穩，一般極少遷居。

【圖七】建築物以方正為上，餘型俱欠周全，各位不妨留意香港各大著名商廈，莫不以方正建基，取其平穩安固。

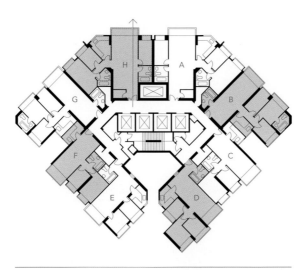

【圖八】開門見窗，直視窗外景物，稱為「穿射」，納氣未能雍聚，尤主財來財去。

　　另外，映灣園間隔不一，加上坐向各有不同，兩者互參，得出之吉凶不一，唯D、E座外，單位間隔均為開門見窗（見圖八），風水上謂之「穿」，氣為之洩，較難雍聚，權宜之計是在入門處加上屏封，以站於門口看不見窗外環境為準。

坐向優劣

　　測度映灣園的坐向，A、H座是坐西北向東南，B座是坐北向南，E、F座是坐南向北，C、D座是坐東向西，G座是坐西向東。現簡述如下：

　　A、H座坐西北向東南，風水上為乾山巽向。根據飛星盤，七運「上山下水」，原主損丁破財，唯恰巧開門見窗，與飛星盤對應，負負得正，反收妙效。然而，七運乾巽向亦為「連茹卦」，劣配株運全屋，終是敗筆。

　　B座與E、F座俱為南北向，然坐向不同，B座坐北向南，風水上為壬山丙向，雙星到山，原主旺丁，卻因間隔原因，反會旺財。E、F座為丙山壬向，雙星到向，亦主旺財。

　　C、D座與G座俱為東西向，坐向亦有不同。C座坐東向西，風水上為卯山酉向，G座坐西向東，風水上為酉山卯向，七運皆「到山到向」，原主旺丁旺財，卻反因間隔原因，形理不合，反為損丁破財，這點正是風水有趣之處，必須形理兼察，單看飛星或形勢，亦屬以偏概全。

優點

1. 北大嶼山公路從東北方帶當元旺氣而來，迢長路遠，映灣園食正「來氣」，八運當旺。

2. 整個映灣園內街亦為東北與西南走向，合乎當元。

3. 除 A、H 單位外，其餘六伙單位尚算四正工整，納氣平穩。

缺點

1. 東北面為南中國海，西南面為高山，零正倒置，丁財俱易損。

2. 各座排列一字排開，僅在 5、6 座之間有路經過，容易排得破軍龍。

3. 部份單位開門見窗，犯「穿射」之弊，家宅氣運不聚，容易財來財去。

建議

1. 切勿因房間狹小，睡於窗台之上，容易精神不振。

2. 3、5、6、7、15 及 16 座較易排得吉龍。

整體評分

評價3

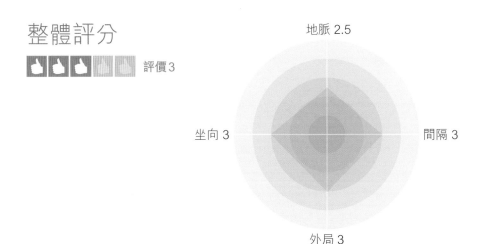

附錄

八卦

分為先天八卦及後天八卦。

先天八卦相傳為伏羲氏觀物取象所作,後天八卦相傳為周文王囚於羑里所作。卦圖分佈如下:

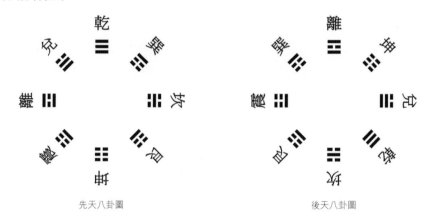

先天八卦圖　　　　　　　　後天八卦圖

古人以「八卦」分割東南西北 (即周天360度),每卦各佔360度中的45度,中央稱之為「中宮」。

先天八卦配河圖,後天八卦配洛書。玄空風水以洛書為用,故以後天八卦表示方位。它們分別是「坎」在北、「艮」在東北、「震」在東,「巽」在東南,「離」在南、「坤」在西南、「兌」在西、「乾」在西北。

廿四山

八卦中八個基本方向可再細分,每卦分為三個「山」,每「山」佔15度,分別以下列組合組成:

1.「十二地支」:子、丑、寅、卯、辰、巳、午、未、申、酉、戌、亥。

2.「十天干」中的八個:甲、乙、丙、丁、庚、辛、壬、癸 (代表中央的戊、己不用)

3.「四隅」:乾、巽、艮、坤

四正向及四隅向

風水上的坐向，簡單而言，可以四正向及四隅向劃分。

所謂四正向，就是正北、正南、正東及正西，風水上稱為子、午、卯、酉。

所謂四隅向，就是西北、東南、東北及西南，風水上稱為乾、巽、艮、坤。

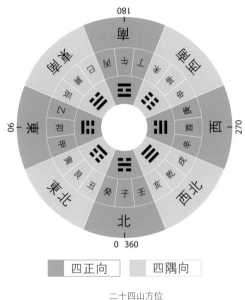

二十四山方位

山向

風水上專用名詞，但凡一屋一宅大門面對的方位，統稱為「向」。當「向」確定，它的對面必為「山」，二者相差180度。

古代建築架構簡單，一宅之大門多數正開，門向就是建築物之向。

現代卻不然，大部份人都居於大型建築物內，以最常見的一梯八伙為例，一宅之門向往往與建築物大門不同，或相對，或90度扭轉，亦可相同。

門向為一宅出入之主氣口，亦即納氣之方位，陽宅最重納氣，故以門口為向。

下文提及各屋苑之門向，均指每個單向之門向，飛星盤亦以此為據，配合元運起盤。當然在推算時，建築物大門之門向亦須參量。

三元九運

　　將中國傳統60年一個「甲子」循環稱為一個元，三個「六十甲子」合稱為「三元」，共180年，分為「上元」60年、「中元」60年、「下元」60年。

　　每三個「三元」又再分為「上三元」、「中三元」及「下三元」共540年一個「大三元」。中國古代有一句：「五百年出天子」，意即每五百多年便會改朝換代，無論在科技上、衣飾及文化上都會有重大變化。中國人以「大三元」曆法計算國家朝代更替。

　　在「小三元」180年之中，中國人把它分為九個運，「上元」六十年為「一」「二」「三」運，以「一」運統領「二」「三」運；「中元」六十年為「四」「五」「六」運，亦以「四」運統領「五」「六」運；「下元」六十年為「七」「八」「九」運，亦以「七」運統領「八」「九」運。

　　我們現在身處小「三元」中的「下元八運」，由公元2004至2023年；始於公元1864至1883年之「上元一運」。

最近的三元九運表

元	運	始於	終於
上	一	1864甲子年	1883癸未年
	二	1884甲申年	1903癸卯年
	三	1904甲辰年	1923癸亥年
中	四	1924甲子年	1943癸未年
	五	1944甲申年	1963癸卯年
	六	1964甲辰年	1983癸亥年
下	七	1984甲子年	2003癸未年
	八	2004甲申年	2023癸卯年
	九	2024甲辰年	2043癸亥年

九宮飛星

坊間現時不少人喜將「雙八到」、「財星臨門」掛在口邊，那究竟是怎麼的一回事？這些術語源自近年極流行的九宮飛星。

飛星是釐定一宅吉凶的重要概念，它有一套近乎機械性的運作，根據樓宇落成元運及坐向，將元運置中，再以山星為一組、向星為一組排入中宮，根據飛星規律，調遞八方，故謂之飛星。

根據洛書規律，九宮分佈著九顆「飛星」，它們分別是貪狼、巨門、祿存、文曲、廉貞、武曲、破軍、左輔及右弼。

每顆「飛星」均有其數、其色、其方位及其卦名，見卜表：

數	色	名	卦名
〔一〕	白	貪狼	坎
〔二〕	黑	巨門	坤
〔三〕	碧	祿存	震
〔四〕	綠	文曲	巽
〔五〕	黃	廉貞	無
〔六〕	白	武曲	乾
〔七〕	赤	破軍	兌
〔八〕	白	左輔	艮
〔九〕	紫	右弼	離

洛書這個編法稱為「基本盤」，但是這些飛星是流動不息的，簡單來說，它們會根據時間而不斷流轉，它的流轉方法，就是以「魔方陣」為本，分置九宮。

見下圖：

東南	南	西南
四綠	九紫	二黑
三碧 (東)	五黃	七赤 (西)
八白	一白	六白
東北	北	西北

無論橫、直、斜相加，三個宮位的總數都是十五，其規律如下：

以基本盤為例，五黃星排在中間「中宮」的位置，它的後一個數六白星排在「西北」乾位，再之後是七赤星排在西兌位，八白星在東北艮位，九紫星在南離位，一坎星在北位，二坤星在西南位，三震星在東位，四巽星在東南位。

九星本身是代表世上多種不同事物的「象徵」，分類不同，其意各異。如以「六畜」劃分，六白乾代表馬，二黑坤代表牛，八白艮代表狗等等，但同一個六白乾，它也可以代表老父、頭、銅、官衙等多種事物。

飛星組合

風水上，以「山管人丁水管財」為通則，意即山星管人丁，向星管財祿，從山星與向星之分佈，看一宅的人丁和財祿狀況。

一個飛星盤，包含三組星系，第一組是由當元運星置入中宮，再分佈八宮的的運星組；第二組是根據山向得出的山星組，也是置入中宮（一般寫於左上角），再根據陰陽，決定其順佈或逆佈八宮；第三組是根據山向得出的向星盤，也是置入中宮（一般寫於右上角），再根據陰陽，決定其順佈或逆佈八宮。

如是者，九宮格內每個宮位都有三組數字，在一般情況下（兼線例外），向方，或坐山兩個宮位得出以下四個組合。

1. 雙星到山

以八運午山子向為例，飛星盤如下：

當元八運的山星及向星同時排到坐山，稱之為雙星到山，一般主旺丁，卻也表示向星未能排到屋向位置，致財星不顯，影響宅中財運。

2. 雙星到向

以八運子山午向為例，飛星盤如下：

向

3　4 七	⑧　⑧ 三	1　6 五
2　5 六	4　3 八	6　1 一
7　9 二	9　7 四	5　2 九

山

當元八運的山星及向星同時排到向首，稱之為雙星到向，一般主旺財，卻也表示山星未能排到坐山位置，致山星不顯，影響宅中人和諧和健康等。

3. 到山到向

以八運丑山未向為例，飛星盤如下：

向

3　6 七	7　1 三	5　⑧ 五
4　7 六	2　5 八	9　3 一
⑧　2 二	6　9 四	1　4 九

山

當元八運的山星及向星分別排到坐山及向首，稱之為到山到向，一般主旺丁及旺財，這種飛星組合最為理想。

4. 上山下水

以八運艮山坤向為例，飛星盤如下：

向

1　　4	6　　9	⑧　　2
七	三	五
9　　3	2　　5	4　　7
六	八	一
5　　⑧	7　　1	3　　6
二	四	九

山

　　當元八運的山星及向星分別排到向首及坐山，稱之為上山下水，丁財倒置，一般主破財及損丁。

　　必須注意，上文提及之旺丁旺財或損丁破財，僅就飛星盤之分佈而言，實際之吉凶須參以一屋之實際環境，所謂形理兼察，一宅之飛星吉，屋形與之配合，始謂之吉；相反，一宅之飛星吉，屋形與之不合，則為凶。

　　一宅之飛星凶，屋形恰好山向倒置，可謂之吉；相反，一宅之飛星凶，屋形亦與之不合，則為凶。

兼向

　　個別屋苑之屋向恰會介乎兩個山向之間，風水上謂之兼向或兼線，飛星上別有替星之法盤算。茲不列於上表，在下文述及該等兼向之屋苑時，將有專文描述。

　　唯概括而言，除極個別例子外，一般視為不吉。

　■ 兼出卦　　■ 兼綫

退氣

「河圖」「洛書」為風水的經典典籍。根據「洛書」記載，統運之星為旺星，下運之星為財星，上一運之星為衰退之星。以現處的「八運」為例（公元2004年至2023年），「八」為旺星，「九」為財星，「七」為退氣之星，而「六」「五」皆為衰死之星，「三碧」為凶星，其餘之「四」「二」「一」為中性星體，須視乎其五行特性而定。

2024年踏入「九運」，「八」便變為退氣之星，「二黑」變成凶星，「一」變成財星，「九赤」變成旺星，如此類推。

入囚

風水的吉凶，講求適時適運，由1至9，輪流交替，每運當元之運星，各有20年當權，以現時八運（2004-2013）計，當以8星為當元運星，「一權當貴，諸凶攝服」，理論上，山星8及向星8所到之方位，皆屬當時得令，旺丁旺財，餘凶難犯。

然而，由於飛星的規律，一些坐向每在下個元運將當元令星置入中宮，仿如將之囚禁，無從發揮其威力，應旺不旺，風水上稱之為入囚。

以建於七運（1984-2003）的樓宇，坐東南向西北（巽山乾向）的單位為例，它的飛星盤如下：

山

5 7 六	1 3 二	3 5 四
4 6 五	6 ⑧ 七	8 1 九
9 2 一	2 4 三	7 9 八

向

中宮的山星和向星組合為68，踏入八運，8為當元令星，可是現在置入中宮，不能到達向方，風水上稱為「向星入囚」。

因此，凡是坐東南向西北的單位，先天都有這個缺點，氣運短促，當元最長不過廿年，古人重視宅運長久平和，因此一般堪輿家不取。

可是，尚有應囚不囚之論，以向前有水放光為要，反作悠久論。